中公新書 2719

佐々木雄一著

近代日本外交史

幕末の開国から太平洋戦争まで

中央公論新社刊

はじめに

遣隋使《けんずいし》、遣唐使《けんとうし》、白村江《はくすきのえ》《はくそんこう》の戦い、日宋《にっそう》貿易、元寇《げんこう》、日明《にちみん》貿易……。日本の対外関係といえば古来、東アジアとの関係であった。

そこに一六世紀、大航海時代や宗教改革を背景に西洋との関係が生じた。鉄砲・キリスト教の伝来、南蛮貿易である。しかし一七世紀、江戸幕府は対外関係を制限していき、いわゆる鎖国となる。西洋諸国のなかで関係が続いたのはオランダのみであり、オランダとの関係も限定的なものだった。

時は流れて一八世紀末から一九世紀にかけて、再び日本と西洋の接触が始まる。西洋諸国の船が相次いで日本にやってきて、国交や通商を求めた。

一八五三年にはアメリカのペリーが来航し、数年のうちに江戸幕府はアメリカやそのほかいくつかの西洋諸国と条約を結ぶ。国交を樹立し、貿易をおこなうようになった。日本は、西洋諸国を中心とする国際関係の枠組みのなかに入った。同時に、国内で体制変革が起こり、近代国家たる明治日本が成立する。

本書は、その幕末の開国から太平洋戦争までの日本外交の軌跡を通観するものである。

一九世紀、西洋諸国が世界に勢力を伸ばし、ヨーロッパ由来の国際システムが世界大に広がっていく。日本はそこで当初いわゆる不平等条約を結んだ状態だったが、やがて条約改正を果たし、西洋諸国と並ぶ一員となる。日本の経験は、非西洋諸国を対等なメンバーとして迎えるというインパクトを西洋中心の国際社会にもたらした。

日本の外交担当者たちは、西洋諸国によってかたちづくられた国際秩序を比較的公正なものとみなし、そのなかで日本は十分に発展できると考え、適合していった。実際に日本は、世界の大国の一つとなった。しかし一九三〇年代には、国際社会との対決に向かう。既存の国際秩序は日本から見て不利・不正であり、日本は異なる秩序をつくるのだと論じられた。

西洋由来の国際社会・国際秩序と日本の関係性が右のような変遷をたどる一方で、東アジア世界も変容した。東アジアには伝統的に、近代西洋流の主権国家体制とは異なる、中国王朝を中心とする秩序が存在した。しかしその秩序は、日清《にっしん》戦争によって崩壊する。中国は西洋諸国および日本の進出を受け、いわば集団抑圧体制のもとに置かれた。

そうした東アジア世界のあり方は、第一次世界大戦を経て再び変化していく。中国国内の情勢も関係各国の力関係も、国際的な規範も変動した。そのなかで各国・各勢力は対応を模索し、ゆれ動き、日本は満州《まんしゅう》事変、日中戦争へと向かうことになる。

国際関係は、力がものをいう世界である。本書があつかう期間は、現代以上にその傾向が強かった。とはいえ、無制約な弱肉強食の世界だったわけでもない。各時期・各地域には、それぞれ規範や安定的な関係性が存在した。すなわち、秩序があった。日本は世界や東アジアの秩序をどのようなものとして捉え、いかに対峙《たいじ》したのか。秩序は、どのように変容したのか。それらは近代日本外交の根幹をかたちづくった問題である。

明治日本はもっぱら国際関係の力の面に着目して国家の独立を目指し、やがて帝国主義国家となっていったという見方が古くからある。しかし実際には日本外交は、国際関係における秩序の存在を前提に、力と規範、双方の要素を意識しながら展開された。帝国主義時代の日本の軍事行動や対外膨張も、そうであった。

日本の対外膨張というと満州事変以降の歴史を想起しがちだが、それ以前から日本は膨張を続けていた。日清戦争で台湾・澎湖《ほうこ》諸島、日露戦争で南樺太《からふと》や南満州権益を獲得し、韓国を併合した。第一次世界大戦を経て太平洋の島々（南洋諸島）も支配下に収めた。日清戦争以来の対外膨張と満州事変以降の対外膨張は、力学が異なるものである。ただ、前者の経緯は後者に大きな影響を与えていた。

「国際社会と日本」、「東アジア世界の変容」、「日本の対外膨張」。右に書いたこの三つの視点に加えて重要なのが、国家意思決定システムの問題である。周知のとおり、大日本帝国憲法（明治憲法）には内閣という文言もなければ首相（内閣総理大臣）に関する規定もない。ただ一八九〇年代以来、日本の国政は基本的に、首相を中心とする内閣が運営していた。しかし一九三〇年代には、首相や内閣による国政統合が崩れる。そうした国内指導体制の状況は、日本の対外政策を左右した。

この一冊で近代日本外交のすべてを描くのは望むべくもないものの、全体を通貫する幹は示したつもりである。世界の秩序のあり方やそのなかでの日本の立ち位置が改めて問われている現在、日本と世界の来し方、そして行く末を考える一助となれば幸いである。

目次

図表作成◎ケー・アイ・プランニング

凡例

・年月は巻末の年表まで含めて西暦・グレゴリオ暦で表記し、適宜和暦を書き添えた。
・史料を引用する際は、旧字体を新字体に、旧仮名遣いを現代仮名遣いにし、句読点・濁点を補うなどの修正を加えた。
・近年の研究では「満洲」と表記されることが多いが、本書は「満州」と表記した。

近代日本外交史

幕末の開国から太平洋戦争まで

第1章　国際社会への参入

1　開国と明治維新

ペリー来航

一八五三（嘉永《かえい》六）年、アメリカのペリー率いる四隻の船が、浦賀《うらが》沖に現れた。日本を激動の時代にいざなう艦隊の到来である。

時間を大きく巻き戻す。一七世紀初頭に成立した江戸幕府は当初、統制下で積極的に貿易をおこなうなどしていた。しかしじきに、キリスト教に対する警戒心から、国内でキリスト教を禁ずるとともに対外関係を制限していく。西洋諸国のなかではオランダとのみ関係を持ち、そのオランダの日本における活動も制限された。日本人の海外渡航・帰国も禁じられた。

いわゆる鎖国である。完全に国を閉ざしていたわけではなく、長崎で中国・オランダと、対馬を介して朝鮮と、薩摩《さつま》を介して琉球《りゅうきゅう》と、松前《まつまえ》を介して蝦夷《えぞ》と関係があった。

そうした鎖国状態は、一七世紀後半にかけて段階的に成立し、しばらく続く。ただ改めて鎖国という体制が明確になったのは、一八世紀末以降である。西洋諸国の船がたびたび日本にやってくるなかで、日本は国を閉ざしているという意識や鎖国政策が明確化され、強化された。一七九二(寛政《かんせい》四)年にロシアのラクスマンが根室《ねむろ》に、一八〇四(文化《ぶんか》元)年にはレザノフが長崎に来航して国交・通商を要求。その後、ロシア兵による蝦夷地近辺の襲撃や、長崎へのイギリス軍艦の進入事件も発生している。「鎖国」の語も日本国内で広まっていった。

一八二五(文政《ぶんせい》八)年、江戸幕府は異国船打払令を発令した。他方で、一八四二(天保《てんぽう》一三)年には、外国船への物資の給与を認めた薪水《しんすい》給与令が発せられている。国を閉ざす方針は存在しつつ、それがどの程度貫徹されるのかは不透明ななか、ペリーはやってきた。

アメリカの呼びかけ

ペリーはアメリカ大統領の書簡を日本側に渡し、いったん退去する。大統領の書簡は、友好的関係の樹立と通商を求め、次のように論じていた。

われわれは、日本の古き法が中国・オランダ以外との貿易を認めていないことを知っている。しかし世界の情勢が変化するなかで、新たな法を定めるのが賢明ということもある。アメリカとの自由な交易を認めれば、日米両国にとても利益があるだろう。古き法を廃することに不安を感じるならば、五年、一〇年といった期間、交易を試してみてはどうか。それでももし期待されたような益がなければ、古き法に戻ることができる。

ペリー（1794〜1858）

加えて、日本に漂着したアメリカ人の保護、アメリカ船への石炭・食糧・水の提供、それに適した港の選定を求めていた。物資の提供は無償ということではなく、対価の支払いを申し出ている。アメリカの船が出発時に全行程分の石炭を積むのは不便で、日本には石炭などが豊富にあるだろう、という理屈である。

漂流民保護の問題はペリーの書簡でも論じられていた。アメリカは海岸に漂着した人々を受け入れ、保護しており、それは日本人に対しても同様である。アメリカ政府としては、難破などで日本に至るアメリカ人を人道的にあつかうことを保証してほしい、というのだった。

日米和親条約――なぜ要求を受け入れたか

一八五四年、ペリーが再びやってきて、日米和親条約が締結される。条約を結ぶという点では、江戸幕府はアメリカの要求を受け入れた。

その背景はいくつかある。まず、軍備不足の認識である。かつて一七世紀に日本が西洋諸国との関係を制限していったとき、主に警戒されていたのはキリスト教である。いきなり直接的に武力で制圧される可能性は低かった。しかしこのとき日本が対峙したのは、技術力・軍事力を高めた近代西洋国家だった。一方日本は、長い泰平の時代を経て軍事力が衰えていた。戦えば敗れてしまうという認識を江戸幕府は持っていた。隣国かつ大国たる清がアヘン戦争(一八四〇~四二年)で西洋の国に攻め込まれたことも、日本に衝撃を与えた。

ペリーの姿勢も強硬だった。大統領の国書を幕府に受け取らせ、回答を求めた。長崎に行くようにといった指示をこばみ、蒸気船を含む艦隊で威嚇《いかく》した。

もっとも、力の威圧に屈したというのがすべてではない。条約締結には名分や対内的な説明の余地があった。そもそも、外国船をとにかく追い払うという対応は日本国内でも、紛争防止上、そして人道上、疑問視されていた。一八三七年、日本人漂流民を乗せつつ通商を求めてやってきたアメリカのモリソン号を日本側が撃退した事件は代表的である。したがって、薪水給与令が発せられていた。

アメリカの要求内容も、日本側の論理とうまく合致する面があった。つまり、アメリカ人が日本に漂着した場合の保護や、アメリカ船が日本で必要物資を調達できるようにすることを求めていた。それらは、日本の従前からの方針を逸脱するものではなかった。

アメリカ側は国交と通商を求めたが、日米和親条約で通商は定められていない。日米両国の友好を確認し、アメリカ船に物資を提供する港として下田《しもだ》と箱館《はこだて》を指定し、漂着したアメリカ船の保護を約束するなどしただけである。幕府としては、従来からの対外関係は維持されていると対内的に説明することができた。

また日米のやりとりは、日本語と英語の直接的な翻訳ではなく、オランダ語や漢文を介してなされた。そうしたなかで各言語の条約文の内容が食い違い、双方が都合よく解釈していた面もあった。

本格的開国

とはいえ、本格的な開国に向かって事態は動き始めていた。一八五三年、ペリーが大統領の国書を日本側に渡して退去したすぐ後、長崎にロシアのプチャーチンが来航する。幕府は、プチャーチンが提出した書簡も受け取った。アメリカの書簡は受け取るがロシアからは受け取らないという対応はしがたかった。そして、国境や通商についての協議がなされた。

ハリス（1804〜1878）

一八五四年、日米和親条約調印からしばらくして、今度はイギリスのスターリングが長崎にやってくる。イギリスはクリミア戦争でロシアと戦っており、その余波は極東方面にも及んでいた。幕府は戦争への利用を目的とする開港はこばんだものの、長崎・箱館での船舶の修理や必要物資の提供などを認める条約を結んだ。

その直後、プチャーチンが再び来航して交渉がおこなわれ、千島《ちしま》列島および樺太の国境問題や箱館・下田・長崎の開港などについて定めた条約が成立する。以前から日本と関係のあったオランダとの間でも、やがて条約が結ばれる。それぞれ経緯は異なるものの、アメリカが日本に開国を迫り、条約を結んだことで、その動きはほかの国にも波及していった。

一八五六（安政《あんせい》三）年には、アメリカの総領事としてハリスが来日する。日米和親条約に、領事の駐在に関する条項があった。前述のとおり日米間に条約の解釈のずれがあり、日本側は、事前の通知・協議をせずいきなり領事を派遣されても困るなどと抵抗した。しかし結局、ハリスの下田駐在を受け入れた。

ハリスは日本側と交渉を重ね、一八五七年に下田協約（日米約定《やくじょう》）、一八五八年に日米修好通商条約が結ばれる。日米修好通商条約では、常駐外交使節を交換し、開かれる港の数などは限定的なものの貿易をおこなうことが定められた（ハリスは初代駐日アメリカ公使となり、江戸に移る）。続いてオランダ、ロシア、イギリス、フランスとも同様の条約が結ばれた。

「不平等条約」

幕末に日本が西洋諸国と結んだ条約は、「不平等条約」と呼ばれる。不平等の要素としては、諸外国の側に領事裁判権が認められていたこと、日本に関税自主権がなかったこと（協定関税制）、そして片務的最恵国待遇（条約相手国は日本がほかの国に何らかの譲与を認めた場合に同様の権利を得られるが、日本は条約相手国に対してそうした立場にない）などが挙げられることが多い。

しかしながら、江戸幕府の人々は、条約自体に関して押しつけられたという意識はあったにせよ、右記のような内容が特に不当であるとか不平等であるとは考えていなかった。日本国内の傾向も同様である。批判されたのは基本的に、条約を結んだことや外国の威圧に屈したことだった。領事裁判権などが不平等であると問題視されたわけではなかった。

日本側が不平等性の認識を十分に持たなかったことには、国際関係に関する知識の不足が影響を与えていた。ただ、それだけではない。たとえば、領事裁判制度では、外国人が日本で日本人に対して権利侵害をした場合に外国側の領事による裁判をおこなう。外国人を日本で裁こうとしても、当時の日本には近代西洋式の法制度は存在しない。言葉が十分に通じるかどうかという問題もある。西洋人に対する処罰をめぐって、かえって西洋諸国とトラブルになり得る。不法を働いた西洋人は西洋諸国の側で処罰させるというのは、幕府にとって自然な対応だった。

とはいえ、西洋諸国の側からすればやはり、不平等な条約を日本に課していた。日本を野蛮視し、低く見ていた面も多分にある。そして領事裁判制度が拡大解釈され西洋人が日本の法に服さない治外法権のようになるなど、日本と西洋諸国は対等な関係ではなかった。

そのように、視点をどこに置くかによって「不平等条約」の捉え方は変わってくる。ただいずれにせよ、領事裁判や関税自主権欠如といった点が不平等でそれらを是正しなくてはならないという考えは、条約締結時ではなく後年になって日本国内で高まっていった。

国際社会への参入——力と道理

一九世紀半ば、日本は西洋諸国と条約を結び、国際社会に取り込まれていった。以上の検討をふまえて、その過程をどのように捉えることができるだろうか。

まず、力を背景に開国を強要された面はまちがいなくあった。当時、日本側は西洋諸国の軍事力を脅威として認識していたのであるし、ペリーは力を誇示し、威圧した。日本の方から望んで開国したわけではない。西洋諸国がただ平和的に国交・通商を求めているのみであれば、江戸幕府は要求に応じなかったはずである。

ただ、日本が西洋諸国の力に屈して条約を結んだというのがストーリーの全体像かといえば、そうではない。交渉をして、日本側の意向が通った部分もある。力ずくの強要という枠に収まらない説得や交渉が、たしかにおこなわれた。力が根幹にはあるものの、それがすべてではなく、道理や規範が意味を持つ世界。そのようなものとしての国際関係と外交を、日本は初発から経験していた。

日本は、西洋諸国と戦争をして敗れて条約を結んだわけではない。したがって、戦争に敗れて条約を押しつけられるのに比べれば有利な条件で条約を結び、西洋諸国との関係を築いた。そして国際社会の視点からいえば、いわゆる不平等条約的な側面はあるものの、平時の外交交渉を通じて比較的穏当な条件で非西洋の国家を迎え入れたかたちになった。

幕末の政情と西洋受容

相次ぐ外国船の来航、そして開国は、江戸幕府の支配を動揺させた。外国船への対応をめぐって、国内でさまざまな意見が噴出した。泰平の世は乱れ、内憂外患の時代であるとのイメージが広がった。力の威圧に屈するように国を開いたことで、幕府の実力に疑いの目が向けられた。第一三代将軍・徳川家定《いえさだ》の後継を誰にするかという将軍継嗣問題もからみ、それまで幕政に関わることがなかった有力大名が幕政・国政の中枢に関与するようになる。各地の下級武士や武士に準ずる身分の人々も、盛んに国事を論じ、活発に活動した。

しかも、日米修好通商条約締結に関して幕府は勅許《ちょっきょ》（天皇の許可）を求めた。幕府側としては勅許を得られるものと考えており、条約調印の正統性を高めるためにそのような行動をとった。ところが、勅許は得られなかった。勅許を求めた末に、勅許を得られなかったにもかかわらず条約を結んだのであって、幕府の立場は悪化した。天皇の権威は一八世紀後半以降、いくつかの要因があって徐々に浮上してきていた。そこにこの条約締結をめぐる勅許の問題などが重なり、天皇や朝廷、京都は政局の焦点として急速に存在感を増していく。対外問題は、日本の国内体制の変動に直結した。

幕末の日本では攘夷《じょうい》が唱えられ、外国人に対する襲撃事件もたびたび発生した。ただ全体として見れば、さまざまな西洋体験が積み重なり、西洋の技術や文物を取り入れていく方向に時代は動いていった。

一八六〇（安政七、万延《まんえん》元）年、日米修好通商条約の批准書を交換するため、幕府はアメリカに使節を派遣した。使節団は、アメリカの軍艦に乗って太平洋を横断する。幕府の軍艦・咸臨丸《かんりんまる》も随行した。

幕府はそれから何度か使節を欧米に派遣した。一八六二（文久《ぶんきゅう》二）年の遣欧使節中には、咸臨丸でアメリカに渡った経験のある福沢諭吉《ふくざわゆきち》や、薩摩出身の寺島宗則《てらしまむねのり》がいた。寺島は数年後にも薩摩から派遣されてヨーロッパに渡り、明治維新後に長く日本外交の中枢を担う。現地で西洋世界を経験する者が続々と現れ、その経験が日本に還元された。英語の学習や西洋の知識・情報の摂取も、日本国内で幅広く取り組まれた。

福沢諭吉（1835～1901）。アメリカで撮影された写真

後に明治日本の中心的な指導者となる長州の伊藤博文《ひろぶみ》や井上馨《かおる》は、一八六三年、江戸で建設中のイギリス公使館の焼き討ちに参加している。長州は尊《そん》王《のう》攘夷の考えが強く、同年、攘夷の実行として西洋船への砲撃をおこなった。他方で伊藤・井上らは、藩から派遣され、イギリスで学ぶ。そして開国論に

転じ、帰国後は諸外国との折衝《せっしょう》に尽力した。

福沢は幕末から明治初年にかけて、『西洋事情』を刊行している。西洋の軍事・技術に対する日本の関心は、もちろん高かった。しかしそれのみにとどまらず、西洋の政治や経済、社会のあり方が、大いに注目された。そのなかで、国際法の受容も進んだ。ヘンリー・ホイートンの著作を漢訳した『万国公法』が日本に伝わり、熱心に読まれるなどした。

諸外国と日本

一八五〇年代に日本の開国に道筋をつけたのは、アメリカだった。しかしアメリカ国内で南北戦争が起き（一八六一～六五年）、日本への関与は低下する。ハリスも一八六二年、駐日公使の座を退き帰国した。

隣国のロシアに関しては当初、信頼できる強国という評価も日本国内にあった。ただそうした見方は根づかなかった。ロシアとの関係性は樺太の国境画定問題など北方での国境・安全保障の観点に集中していった。

最大の貿易相手国で外交上の存在感も大きかったのが、イギリスである。初代駐日イギリス公使のオールコックは一八六四（元治《げんじ》元）年、アメリカ・フランス・オランダを誘って長州を攻撃した。前年に長州が米仏蘭の船を攻撃し、かつ下関《しものせき》海峡を封鎖していたためである。

イギリス本国の明確な指示に基づく行動ではない。西洋の本国は日本から遠く、連絡には時間がかかる。各国の公使らは現場の自身の判断で対応する部分が多々あった。

後任のパークスは、アメリカ・フランス・オランダとともに艦隊で日本側に圧力をかけ、通商条約の勅許や関税率の引き下げを求めた。そして一八六六（慶応《けいおう》二）年、いわゆる改税約書が結ばれる。関税が大幅に低減され、条約の不平等性は増した。パークスはその後、一八八〇年代まで駐日公使を務めた。

対内的にも対外的にも問題を抱え、態勢の立て直しを図る幕府は、フランスに接近していった。フランス公使のロッシュは幕府に肩入れし、諸事業を支援した。フランスから軍事顧問団が派遣されるなどしている。

パークス（1828〜1885）

一方、生麦《なまむぎ》事件でイギリス人を殺傷し、薩英《さつえい》戦争を戦った薩摩は、その後イギリスに接近する。長州も、イギリス側から軍艦や武器を購入した。薩摩と長州は提携し、幕府と対立していく。イギリスが倒幕を目指して薩長を本格的に支援したということではないが、イギリス公使館にはアーネスト・サトウ（後に一八九〇年代に駐日公使）のように、薩長の者たちと積極的に交流する人物もいた。

明治維新

一八六七年、情勢が二転三転した末に第一五代将軍・徳川慶喜《よしのぶ》が大政奉還をおこない、王政復古が宣言される。そして戊辰《ぼしん》戦争が始まり、（旧）幕府方は薩摩・長州など新政府方に敗れた。時代は、明治となる。

明治維新は、近代国家を建設した大変革である。江戸時代は武士が支配階級で、各地はそれぞれ大名などの領主が治めていた。武士の頂点には将軍が君臨し、江戸に幕府はあったが、日本全体にその支配が及んでいたわけではなかった。どこからどこまでが日本の領域なのかについても不明確さがあった。

それが明治時代には、中央政府が形成され、版籍奉還・廃藩置県や地租改正がおこなわれ、日本全体に均質な支配が及ぶようになっていく。また武士身分は解体され、徴兵制が導入され、国家が軍事力を掌握した。

領域の画定も進められた。北方に関しては、箱館での旧幕府軍との戦争を経て開拓使が置かれ、蝦夷地は北海道となる。一八七五（明治八）年にはロシアとの間で樺太・千島交換条約が結ばれている。日露雑居となっていた樺太を放棄してロシア領とし、代わりに千島列島を日本領とした。

幕末からイギリスやアメリカとの間で懸案となっていた小笠原諸島についても、一八七六年に改めて領有宣言がなされた。また日本は琉球も領土として取り込んでいくが、それをめぐる清との軋轢《あつれき》については、日清戦争前の東アジア情勢を論じるなかで後述する。

明治日本外交の船出

新政府は、江戸幕府が諸外国と結んだ条約を引き継いだうえで、その改正を目指していくことになる。ただ、一八六九年にオーストリア＝ハンガリーとの間で結ばれた修好通商航海条約は、むしろ日本にとってさらに不利な内容となっていた。そして最恵国待遇の規定により、その内容はほかの条約締結諸国にも適用された。修好通商条約は、当初の五か国に加えて、江戸時代のうちにポルトガル、プロイセン、スイス、ベルギー、イタリア、デンマーク、明治時代になってスウェーデン＝ノルウェー、スペイン、北ドイツ連邦、オーストリアとも結ばれた。

外交部門の名称は、政府全体の組織改編に伴って何度か変わり、一八六八年六月（慶応四年閏四月）、外国官となる。長に当たる知事は、元宇和島藩主の伊達宗城《だてむねなり》、次いで公家の沢宣嘉《のぶよし》が務めた。一八六九年には二官六省制となり、外務省が設置される。外務卿は沢、後の

明治初年の外務省

次官に当たる外務大輔は寺島宗則である。「外務省」の名称は、そこから現在まで引き継がれている。

日本が諸外国に派遣する常駐外交使節は、弁務使制度を経て公使となる（日本が公使より格上の大使を大国と互いに置くようになるのは日露戦争後。第3章参照）。兼任もありつつ各国に公使が置かれていく。上海《シャンハイ》、香港《ホンコン》、サンフランシスコなど、各所への領事館設置も進められた。

明治初年の日本外交における大きなできごととしては、マリア・ルス号事件がある。一八七二年、横浜に入港したペルー船、マリア・ルス号から清国人苦力《クーリー》（奴隷的労働者）が脱走し、イギリスの軍艦に助けを求めた。一度は神奈川県を通じてマリア・ルス号に戻されたものの、その後、同船内の清国人の過酷な待遇が明らかになるなどして、イギリス側が日本政府に対応を要請する。アメリカも、イギリスに賛同する姿勢を示した。日本側はマリア・ルス号の審問をおこない、同船を拘留《こうりゅう》する。そして神奈川県での裁判の末、清国人は解放された。

ペルーは翌一八七三年、前年の対応に関して日本に謝罪と損害賠償を要求した。日本は応じず、その問題はロシア皇帝の仲裁裁判に委ねられ、一八七五年、日本の措置は妥当であったとの判決が下る。新政府が発足していまだ日が浅いなかで関わることとなった事件の国際裁判で、日本側の主張が通ったのだった。

なお判決が出る直前、前述のとおり日本はロシアとの間で樺太・千島交換条約を結び、国境問題を落着させている。駐露公使の榎本武揚《えのもとたけあき》は、領土と仲裁裁判の両問題に、並行して取り組んでいた。

政治体制の変遷

同じころ、政治体制と主な指導者は、以下のような変遷をたどった。まず、明治維新を経て天皇を頂点とするかたちの国家・政府ができた。ただそれはあくまで形式上であり、実際の政治を担ったのは要職に就く指導者たちである。

新政府は発足当初、薩摩・長州・土佐《とさ》・肥前《ひぜん》の出身者や藩主層、公家など多様な背景を持つ者たちの集合体であり、機構も流動的だった。そこからやがて、大久保利通《としみち》を中心とする体制になる。契機となったのは、明治六年政変（征韓論問題）である。長らく海外をめぐった後述の岩倉使節団一行と留守政府との間に疎隔が生じ、一八七三年、朝鮮への西郷隆盛《さいごうたかもり》の派遣をめぐる対立から、参議の約半数（西郷、板垣退助《いたがきたいすけ》、江藤新平《しんぺい》、後藤象二郎《しょうじろう》、副島種臣《そえじまたねおみ》）が辞任して政府外に去った。直後に巨大な権限を有する内務省が創設され、大久保は初代内務卿に就任する。一方、板垣らは翌一八七四年に民撰議院設立建白書を提出し、自由民権運動の発展をもたらすことになる。

一八七八年に大久保が暗殺され、一八八一年に明治一四年の政変で有力指導者の大隈重信《おおくましげのぶ》が政府から追放されると、伊藤博文ら薩長有力者たちが中心となって国政を運営するようになる。一八八五年には内閣制度が導入され、初代総理大臣には伊藤が就任した。そして憲法制定・議会開設を迎える。

そこに至るまで、日本にとって大きな外交課題であり続けたのが、条約改正だった。以下、その展開を見ていく。

2　条約改正

初期改正事業

一八七一年、岩倉使節団が日本を出発し、長い時間をかけて欧米諸国をめぐった。岩倉具視《ともみ》、大久保利通、木戸孝允《たかよし》といった政府首脳をはじめとする大使節団である。この時点で条

岩倉使節団

約改正交渉をおこなうことが目的の使節ではなかったものの、初めの訪問先のアメリカで交渉に着手することとなる。ただ見切り発車的であり、取り組みは進展しなかった。

条約改正事業が本格化したのは、寺島宗則外務卿期（一八七三～七九年）である。その時期の焦点は、関税・貿易関連だった。一八七八年、日本の関税自主権などを認めた吉田・エヴァーツ協定がアメリカとの間で結ばれる。しかしほかの締盟国は追随せず、実施には至らなかった。

条約改正をめぐる議論は複雑である。まず関税の問題と、領事裁判、すなわち法権の問題がある。関税については、関税自主権を回復するという考えもあれば、関税を引き上げるという考えもあった。

税権や法権の問題とそれぞれ重なり合う、もしくは隣接するものとして、行政権の問題もあった。条約上、日本の行政権は外国人に及ぶはずだった。しかし前述のとおり、領事裁判制度が拡大解釈されるといったなかで、現実にはそうなっていなかった。西洋諸国との関係において、日本は行政規則の制定・適用などにつ

寺島宗則（1832～1893）

いて制約を受けていた。条約と現実との齟齬《そご》あるいは条約のグレーゾーンに着目する行政権回復の試みは、かたちを変えながら長く続いた。

さらにややこしいことに、各時期の条約改正事業の外形と内実は、しばしばずれていた。法権回復（領事裁判撤廃）を掲げていながらその急速な実現は可能とは考えられておらず、実質的には関税や行政権が焦点となっている、といった具合である（もっとも、それでは内実の方が常に重要かといえばそういうものではなく、どのようなことが標榜《ひょうぼう》されていたかは大きな意味を持った）。

条約改正に関してどの問題に力点を置き、どのように取り組むのか。明治初年から一八八〇年代初頭ないし前半までの改正事業においては、後年よりも大きい振れ幅で、さまざまな模索がなされた。

文明国化路線

一八八二年四月、条約締結諸国との条約改正予備会議において外務卿の井上馨は、外国人に日本国内を開放するのと引き換えに、法権回復を求めた。日本は諸外国と条約を結び、港を開いて貿易をおこなっていたが、外国人が日本国内で自由に活動できたわけではない。内地開放と法権回復を取り引きし、また文明国にふさわしい法・政治制度をつくることで、条約改正を実現しようという方針だった。よく知られる鹿鳴館《ろくめいかん》でのダンスパーティーは、単に表層的な西洋風の催しではなく、井上らの文明国化志向の一例だった。

上野広一「条約改正会議」（聖徳記念絵画館所蔵）

　そこから十数年後、日本は最も重要な交渉相手国であるイギリスとの新条約締結にたどり着く。しばしばその背景として、ロシアのシベリア鉄道建設が重要だったとされる。ロシアに対する防波堤として日本をつなぎ止めるため、イギリスが条約改正問題で好意的な態度を示すようになったというのである。

　しかしながら、イギリスがそのような漠然とした目的のために自国民の生命・財産に関わる問題で譲歩するとは考えにくい。またイギリス側の史料を見ても、そうした考慮が働いた形跡はうかがえない。

イギリスが法権回復を認めたのは、根本的には、日本が政治・法制度を整備していったからである。もちろん各国の行動には、利己的な要素がつきまとう。イギリスを含め西洋諸国は、法制度さえ整えば無条件で条約改正に応じるというほど、公平・公正なわけではなかった。しかし他方で、純粋に、自国民の生命・財産が安定的に保護される制度を求めていたのも事実である。井上以来の文明国化路線は、そうした要請に応えるものだった。

進展と頓挫

とはいえ、法律や諸制度の整備には時間がかかる。日本と西洋諸国の現状には差があり、しかもそもそも交渉ごとなのだから、無条件ですぐに領事裁判撤廃というのは無理があると日本の外交担当者たちは考えていた。したがって、たとえば井上や後任の大隈重信は、諸国に対する法典の編纂・通知の約束であるとか外国人の裁判官任用といった妥協的な内容を含んでいても、許容すべき条件の範囲内とみなして交渉をまとめようとした。

ところが、その案に対して政府内外から批判が出た。日本の外交担当者と諸外国が折り合えなかったのではなく、外交担当者が受け入れようとした内容で、日本国内を納得させることができなかったのである。それが、条約改正事業が何度も頓挫《とんざ》した原因だった。

一八八六年に、ノルマントン号事件が起きている。難破した船から西洋人船員は脱出して日本人乗客は全員水死し、イギリス側の審判で船員が無罪となったものである（ただし、その後の告訴で船長に有罪判決）。日本と諸外国との関係の「不平等」性に向けられる日本国内の目は、いっそう厳しくなった。

井上外相期、一八八六年から八七年にかけて、諸外国との条約改正会議は妥結に近づいていった。しかし閣内や天皇周辺、民間から批判を浴び、井上は会議の無期延期を各国委員に通知してほどなく外務大臣を辞した。

代わって外務大臣となった大隈は、国際会議方式ではなく国別談判方式を採用し、アメリカ・ドイツ・ロシアとの新条約調印にこぎつける。各国と個別に交渉して日本の交渉上の立場を強めようとする策は功を奏したかに見えた。しかしイギリスの同意をなかなか得られず、そのうちに改正案の内容について日本国内で批判が高まった。結局、大隈が爆弾テロを受けて重傷を負ったのを機に、大隈が進めてきた条約改正事業は中止される。

なお、大隈外相期にはメキシコとの間で日墨《にちぼく》修好通商条約が結ばれている。交渉の任に当たったのは、後に外務大臣として条約改正の立役者となる、駐米公使の陸奥《むつ》宗光《むねみつ》である。日本にとって、双務的な最恵国待遇を認め、

大隈重信（1838〜1922）

領事裁判制度を含んでいない、いわゆる対等条約を結んだ初めての例だった。しかも日本はメキシコとの新条約締結を、最恵国条款《じょうかん》の有条件主義解釈を打ち出す機会として利用した。日本がある国に条件つきで認めた譲与に関して第三国が同様の権利を要求する場合、同じ条件を受け入れなければならないという議論である。メキシコに内地を開放し、最恵国条款を根拠に日本に同様の権利を求めてくる諸外国に対して、日本の法権に服するならば内地開放を認める、と応じる作戦だった。大隈外相期の交渉には多々工夫が見られた。ただ、条約改正の実現には至らなかった。

次の青木周蔵《しゅうぞう》外相、続く榎本武揚外相の場合、政府内の合意形成の時点でつまずいた。青木外相期にイギリスは、法典の先行実施という条件はつけているものの、領事裁判は条約実施五年後に撤廃するとしていた。その案に満足した青木は、協議にとりかかろうとした。しかし閣内でさまざまな条件上積み要求が出て収束せず、時間が経過していった。そして日本訪問中のロシア皇太子が襲撃された大津事件が発生し、青木は外務大臣を辞任することとなる。青木の取り組みを引き継ごうとした後任の榎本も、政府内で十分な支援を得られなかった。

陸奥外相期の取り組み

　そのような経緯をふまえて、一八九二年に成立した第二次伊藤博文内閣の陸奥宗光外相は、閣内・政府内で強固な合意を形成することに意を配った。そのために陸奥は、日本として目指すべきは対等条約であり、自らの案はまさにその対等条約であると主張した。

　陸奥の前任者たちはある意味で真摯《しんし》に、現状から一気に完全な対等条約に至るのは不可能だと認めていた。そして、積み上げ式で少しでもよい条件を得ようとした。その結果、条約案の立場が明らかになった途端、よりよい条件であるべきとの主張が政府内外に生じて収拾がつかなかった。それに対して陸奥は、おおむね批判に耐え得る案を作成したうえで自らの案は対等であると強弁し、際限のない上積み要求を封じた。欧化・文明国化路線を進んできた日本において実際に諸制度が整ってきたことも、陸奥の追い風となった。たとえば一八八九年から九〇年にかけて、憲法や裁判所構成法が公布・施行され、帝国議会が開設されている。

陸奥宗光（1844～1897）

　陸奥は、会議で示した草案を出席者に持ち帰らせないなど、情報管理も徹底した。条約案の内容や交渉経過が世上にもれると紛糾《ふんきゅう》するというのも、過去の条約改正事業に学んだ教訓だった。

　交渉は、日本から各国に派遣されている公使がそれぞれの国とおこなう方式で、まずはイギリスとの交渉からとりかかることになる。国別談判方式は、前述のとおり大隈外相期にも採用されていた。ただ、目的が異なる。大隈は、個別に同時並行で交渉することで日本の要求を通りやすくしようとした。陸奥はそうした意図ではない。各国それぞれに交渉経緯や利害関係が異なることを考慮していた。また、情報管理などの点から国内よりも遣外公使が外国で交渉をおこなった方がよいと考えられ、そうすると半ば必然的に個別交渉になった。

外交体制の整備

このころ日本は、外務大臣・外務本省・在外公館の総合的体制で外交をおこなうようになりつつあった。それ以前、外交につきものである社交のことを考え裕福さを見込んで華族が公使に起用されるなど、日本は十分な外交活動をできていないと外務省内で問題視されていた。「現今欧米にある公使館は金も少なき上、中にも貴公子方は格別役に立たざるは申迄《もうすまで》も無之事《これなきこと》に候《そうろう》」という率直な言もある（一八八八年一〇月二六日、陸奥宗光宛加藤高明《たかあき》書簡。当時、加藤は大隈外相の秘書官で陸奥は駐米公使）。語学そのほか必要な能力を持った人材が省内に不足しているとの認識もあった。

ちょうど、議会との関係で行政整理が求められていた。そこで、費用の節減と制度改革を同時に達成すべく、一八九三年、外務省・在外公館の官制を改正し、外交官・領事官試験制度が導入される。制度改革を主に担ったのは、通商局長の原敬《たかし》である。実際に有能な人材を集め育てていくのには時間がかかるものの、ともかくこの時期には外交体制の整備が課題として強く意識されていた。

情報伝達の面で見ても、陸奥外相期以前はまだ、外務本省と在外公館の間で長文の電報を頻繁《ひんぱん》に送り合ってはいなかった。短文では、伝えることができる情報の量は限られてくる。他方で、文書ならば長く書けるが、欧米諸国は遠く、日本とのやりとりには時間がかかる。したがって、日本本国と出先が同時に正確に情報や方針を共有しながら外交を進めていくという体制にはなりにくかった。

しかし、なお不完全な部分は多々あるものの、条約改正事業と日清戦争を通じて以上のような状況は変わっていった。東京では、陸奥外相や林董《ただす》外務次官が各国公使と面会するとともに、外務本省の者が各種業務に当たり、対外政策の土台をつくった。各国に派遣された公使、公使館員、領事から日本本国には、より多くの情報がもたらされるようになった。各国駐剳《ちゅうさつ》公使たちは任国の政治家や外務官僚、他国大使・公使に接して情報や意見を交換しつつ、ジャーナリスト、新聞、雑誌から各国政府と世論の動向をうかがった。特に大国に駐剳する公使は従来以上に高い資質と十分な活動を求められ、必要に応じて入れ替えられた。

デニソン（1846～1914）

外務本省には、大臣、次官がいて、大臣官房がある。一八九一年に政務局が設置されており、政務局と通商局の二局体制である。その後、一時的な制度変更などはあったものの、次に大がかりな組織改編がなされるのは第一次世界大戦後だった。一八九〇年代半ばまでに日本の外交体制は整備され、以降順次、予算・人員の充実や外務本省と在外公館の連携が図られていく。

なお、発展途上の日本外交において忘れてはならない存在として、お雇い外国人がいる。法律上・言語上の助言のみならず、情報収集や他国への働きかけなど、さまざまな役割を担った。

そのなかでも別格だったのが、アメリカ人のデニソンである。外務省顧問として、一八八〇年代の条約改正事業から日露戦争後に至るまで、日本外交に尽くした。いくつもの日本の重大な英文外交文書がデニソンによって書かれた。日露戦争時のポーツマス講和会議にも随行した。これほど長く日本外交の枢機《すうき》にたずさわった人物は、日本人でもほかにいない。一八九〇年代に外務省に入り後に外務大臣も務めた石井菊次郎《きくじろう》はデニソンについて、「天が日本の外交に幸いして天降らせたようなもの」と評している（『日本外交秘録』）。このころも、条約改正や日清戦争をめぐって頼りにされ続けた。

条約改正の達成

一八九三年、政府がイギリスとの条約改正交渉に着手しようとするなか、日本国内・議会内では対外強硬論が高まり、条約励行が唱えられた。外国人に対し、条約で明文上認められている権利以外を厳格に認めないことで不便を感じさせ、条約改正の圧力にしようというのである。伊藤内閣は国内の支持を受けて条約改正事業に臨んでいたわけではなく、対外硬派との対立関係は深まっていく。

陸奥は議会において条約励行論の精神を、「攘夷鎖国的気象」、「旧幕時代の外人遮断主義」と強く批判した。そして伊藤内閣は、議会を解散した。外国人に対する暴行や排外主義的風潮も抑え込んでいった。陸奥も伊藤内閣も、開国主義を掲げ文明国にふさわしい外交をおこなって条約改正を実現するという方針だった。

もっとも、イギリスとの交渉そのものを担ったのは、陸奥でも伊藤でもない。元外相でその後駐ドイツ公使に転じていた青木周蔵である。青木は駐英公使を兼ね、交渉に当たった。

対英交渉は、必ずしも順調に進んだわけではない。陸奥と青木の考えは、交渉開始前からしばしば食い違った。イギリスが日本の外交姿勢を問題視して折衝が止まるといったことも

青木周蔵（1844～1914）

あった。日本側が焦りを募らせやむなく譲歩した面もあった。とはいえ最終的に、一八九四年七月に日英通商航海条約が調印され、八月に批准書の交換がおこなわれる。伊藤内閣は国内の反発に耐え、イギリスとの新条約締結までなんとか持ちこたえたのだった。

新条約では、日本は内地を開放し、領事裁判が撤廃され、最恵国待遇は双務的となった。関税についても部分的に改正された。条約の発効は五年後、実施期間は一二年である。完全な税権回復は果たされていないほか、条約の施行期日や存続期間、法典編纂保証の問題など、批判しようと思えば批判できる点は少なからずあった。しかし後述のとおりちょうどそのころ日清戦争が始まり、九月には日本の戦勝が続いて挙国一致の風潮となる。その結果、新条約に対する日本国内の批判は高まらなかった。

日本はイギリスに続いて順次各国と交渉し、並行して国内の法典整備を進めた。民法の施行は一八九八年、最後まで残った商法の施行は一八九九年だった。そして同年、新条約は発効する。

なできごとである。

世界史のなかの条約改正

関税自主権の問題は残ったものの、日本は法権回復を果たした。世界史的に見ても、大きなできごとである。

日本は文明国化を推進し、領事裁判撤廃にこぎつけた。それは、当然のように起こった展開ではない。まず、非西洋諸国が西洋流の法制度・政治制度を熱心に導入しようと考えるとは限らない。そして、日本の取り組みが始まった時点では、非西洋諸国が近代的・西洋的な法制度を整えたからといって、それで法権回復が達成されるかどうかはわからなかった。西洋諸国は非西洋諸国の法権回復は認めない、非西洋諸国を自分たちと対等な国家としてはあつかわない、という可能性もあった。

しかし結果的に、日本は文明国化を推進し、条約改正に成功する。共通の利益や規範を有し、形式的には対等な国家同士が形成する国際社会は、ヨーロッパで生まれた。そしてヨーロッパ諸国が世界に進出するなかで、ヨーロッパ由来の国際システムは世界大に広がった。ただそこでは、階層性が生じた。文明国とされたのは西洋諸国であり、非西洋の国や地域は、下位ないし従属下に置かれた。

ところが日本の例を通じて、国際社会は、一定の条件を満たせば非西洋の国や地域も対等なメンバーとして取り込んでいくかたちになっていった。もちろん、日本が大国の一角になっていくのは、条約改正だけでなく日清戦争や日露戦争といった軍事的な要素も大きい。ただともかくも、非西洋の国や地域も含むかたちでの国際社会が、日本の台頭と重なり合うように成立していったのである。

外交担当者の対外観

条約改正の途上において、日本の要求がなんでも通ったわけではない。諸外国が自国の利益のために強引な主張や行動を展開することも、少なからずあった。ただとりわけ一八八〇年代以来、全体として見れば、日本は文明国化路線をとり、諸外国に働きかけ、外交交渉としては次第に課題解決に向かっていった。

そうした経験は、日本の外交担当者たちの認識や思考様式に大きな影響を与えた。つまり彼らは、西洋諸国を中心とする国際秩序のなかにある種の公正さを認め、積極的に適合していった。そして、既存の国際秩序のなかで日本は十分に発展していくことができると考えていた。

一八九〇年一二月、帝国議会で青木外相は、「条約国が、我々に対して明治五年以来、殊に明治十四五年以来、どれ程迄《まで》に請求を容れたかと云《い》うことは、他日歴史の上に就いて、あなた方が能《よ》く御覧になることであろうと思います」などと述べ、諸外国が日本の請求を容れてきたことを強調した。青木の発言は、各国の有する権利を一挙に失わせるような条約改正はできないという文脈でのものである。なぜ日本がすぐに望ましい条約を結べないかを弁解するための理屈ともいえる。しかし、条約改正事業の歴史的展開を見れば、たしかに諸外国は日本側が新たな主張をするたびにそれに応じていた。

外交において相互利益を均等にすることが重要であるとか、自分たちが相手の立場に置かれたときに受け入れられないようなことを相手方に認めさせることはできないといった感覚もあった。一八九二年九月、第二次伊藤内閣成立のすぐ後、首相の伊藤は府県知事への演説で、「近代の国際法に於《おい》ては相互利益を均等にするを以《もっ》て通理とし」と述べている。外務大臣の陸奥も、「到底我れをして彼れの地位に置けば迚《とて》も承知の出来ないと思うことを、彼をして承知させまするこことも、無論に出来ることでありませず」と論じた（「陸奥宗光関係文書」）。

後年、一九二〇年代から三〇年代初頭にかけて長く外務大臣を務めた幣原喜重郎《しではらきじゅうろう》は、日本は国際信義や条約公法を尊重して大をなしたと語った（『日本外交秘録』）。また、相手をごまかしたり、だましたり、無理押ししたりするのが外交だと思ったら大まちがいで、外交の目標は国際間の共存共栄、リヴ・エンド・レット・リヴ（live and let live）であるとも論じた（『外交五十年』）。

それは、第一次世界大戦後の新時代の指導者たる幣原に特有の考えということではない。ごく標準的な、明治中期以来の外交担当者たちの発想である。既存の国際秩序に対する基本的な信頼感と、そのなかで順当な外交をおこなっていこうとする姿勢は、脈々と引き継がれていった。伊藤博文、西園寺《さいおんじ》公望《きんもち》、原敬といった、外交経験豊富な政治指導者たちも同様の姿勢を共有していた。

ただし彼らの感覚は、「日本の」標準的な感覚ではなかった。経験を積んだ政治指導者・外交担当者とそれ以外の人々との間には、大きな対外認識の差があった。一八八〇年代から九〇年代にかけて、条約改正事業において日本の外交担当者たちが悩まされたのは、対外交渉以上に国内の合意形成だった。

条約改正だけではない。後に日露戦争の講和をめぐっても、第一次世界大戦後のパリ講和会議における人種差別撤廃問題をめぐっても、外交当局者とそのほかの人々の感覚のずれはあらわになった。

その不一致はいかなる帰結に至るのか。明らかになるのは、しばらく先のことである。

第2章　東アジアと近代日本

1　大国・清

東洋と西洋

明治日本が成立して以来、条約改正と並んで大きな外交課題であり続けたのが、東アジアの国家間でどのような関係性を築くのかということだった。

当時、東アジアの大国といえば、清である。そして東アジアには伝統的に、中国王朝を中心とする秩序が存在した（冊封《さくほう》・朝貢体制、華夷《かい》秩序）。中国皇帝と周辺の国王の間に君臣関係が築かれ、国の間にも上下関係があった。ただし、宗主国たる中国は属国（朝貢国）に対して実質的な支配を及ぼしたわけではない。君臣関係・上下関係を順守していれば、基本的に中国王朝は属国の内外政に干渉しなかった。

周辺の側では、たとえば朝鮮は、中華思想や儒学（朱子学）の世界観が深く根づいており、中国王朝との間で密接な朝貢関係が築かれた。その朝鮮を筆頭に、琉球やベトナムも代表的な朝貢国であった。もっとも琉球の場合、江戸時代に実質的には薩摩の支配を受けていた。いわゆる両属である。

近代西洋の原理は、そうした中国王朝を中心とする東アジアの秩序とは異なる。国家は領域・国民・主権を有し、包括的・排他的な管轄権を持つ。そして外交関係を結ぶ国家同士は、名目上は対等だった。

東洋と西洋の秩序はそれぞれ別個に存在していたが、一八世紀末以降、イギリスが清に国交やより自由な貿易を求めた。また、世界的な貿易構造の一角として、イギリス側から清に大量のアヘンが流入するようになった。その末に、清におけるアヘンの没収・廃棄処分に対しイギリスが遠征軍を派遣してアヘン戦争が始まり、一八四二年に南京《ナンキン》条約が結ばれる。内容は、複数港の開港と領事駐在、香港島の割譲、賠償金支払いなどである。さらに追加的な取り決めでは、協定関税制や領事裁判権、片務的最恵国待遇などが定められた。アメリカ・フランスとも同様の条約が結ばれた。

しかしその時点で、中華の優越性を誇る清の世界観は、根本的には変化しなかった。清からすれば条約締結は、武力を用いて自己の要求を通そうとする野蛮な者たちに少し譲歩しただけである。清は条約を結ぶことによって国家間の対等な関係を樹立したとは考えておらず、西洋人を夷狄《いてき》視することも続いた。清の戦敗が与えた精神的衝撃は、清よりもむしろ日本で大きかった。

そして十数年後、再び清と西洋国家との間で戦争が起こる。アロー戦争（第二次アヘン戦争）である。一八五八年、英仏連合軍が天津《てんしん》に進出し、清はイギリス・フランス、加えてロシア・アメリカと天津条約を結んだ。さらに戦闘が再開して英仏軍に北京《ペキン》を占領され、一八六〇年、北京条約が結ばれる。それらの条約により、外交使節の北京常駐や公文書における「夷」という文字の不使用などが定められた。そのほか、賠償金の支払いや開港場の増加なども取り決められた。またロシアとの関係では、最終的にウスリー江以東（沿海州）までロシア領とすることになった。

そのように清は西洋諸国の進出を受け、強いられるかたちで近代西洋の秩序に取り込まれた。ただ、清は依然として東アジアにおいて圧倒的な存在感のある大国だった。その地位を変化させたのは、アヘン戦争でもアロー戦争でもなく、日清戦争である。

琉球問題

第1章で記したとおり、日本は一八六〇年代から七〇年代にかけて近代国家建設を進め、近代西洋の原理に基づいて国家間関係を築こうとした。そうした日本の取り組みと清を中心とする秩序が衝突することとなったのが、琉球をめぐる問題だった。

一八七二年、日本は琉球藩を設置した。一八七四年には、琉球（宮古島《みやこじま》）の漂流民が台湾で先住民に殺害された事件などを理由に台湾出兵をおこなう。琉球は日本領、琉球の人々は日本国民、というのが日本の立場である。

出兵後の交渉の結果、清は日本の出兵を保民の義挙と認め、遺族への撫恤《ぶじゅつ》金や日本への補償金を支払うこととなった。もっとも清は依然として、琉球が近代西洋的な意味で、つまり排他的・絶対的なかたちで日本領化することは認めていなかった。

日本政府は琉球に関して、清との朝貢関係を断ち、年号も明治を使用させることとした。そして一八七九年、沖縄県を設置する。完全に日本領として取り込んだのである。

清は、そうした日本の措置に反発した。琉球の日本領化自体もさることながら、琉球という属国の消失は、より重要な属国である朝鮮の危機を想起させた。

その後琉球をめぐっては、日清修好条規を改正して最恵国待遇を認め合い、宮古・八重山《やえやま》を清に割譲するという分島改約案でまとまりかけたが（後述）、成立には至らなかった。やがて琉球問題は後景に退き、朝鮮が、日清対立と東アジア情勢の焦点となっていく。

日本・清・朝鮮間関係

朝鮮はもともと、明に朝貢していた。しかし現在の中国東北地方（満州）から勢力を広げた清に攻め込まれ、服属することとなる。そして中国大陸の方でも明が滅び、清が統治を確立し、従来のような中国王朝と朝鮮王朝の関係が築かれた。

江戸時代の日本との間でも、使節を日本に送り、対馬《つしま》を介して貿易をおこなうといった関係があった。ただそれは、限定的な関係・交流だった。

一九世紀になると、清や日本の場合と同じく、朝鮮に対しても西洋諸国がやってきて開国を要求する。しかし朝鮮は、こばみ続けた。一八六〇年代から七〇年代初めにかけて、フランスやアメリカの艦隊と交戦して撃退することもあった。

そこに登場するのが、日本である。王政復古を朝鮮側に通知したが、その際に「皇」・「勅」の字を用いているなどの問題があり、朝鮮側は文書の受け取りを拒否した。日本では朝鮮との関係について断続的に議論がなされ、第1章で触れたように、一八七三年には政府中枢を二分する明治六年政変が起こる。

一方、日本と清の間では、一八七一年に日清修好条規が結ばれる。外交使節の交換や領事裁判権の相互承認が定められた。ただ清が西洋諸国との間で結んでいた条約と異なり、清での内地通商を認める規定はなく、最恵国条款も設けられていない。それが前述の、琉球をめぐる交渉での分島改約案につながった。

朝鮮への開国圧力を強めていた日本は一八七五年、軍艦を朝鮮に派遣して威嚇し、武力衝突を引き起こした(江華島《こうかとう》事件)。そしてそれを機に翌一八七六年、日朝修好条規(江華条約)が結ばれる。第一款は、朝鮮を「自主の邦」と位置づけていた。日本からすれば、清と朝鮮との宗属関係を否定しようとする趣旨である。また、追加的な取り決めも含めて、日本と朝鮮は通商関係の規定も定めた。

つまり、日本と朝鮮は外交関係を結び、貿易をおこなうようになった。とはいえ、清と朝鮮の宗属関係はゆらがなかった。日朝修好条規はあくまで日朝間の取り決めである。またそもそも、朝貢などがおこなわれていれば宗主国は属国の内外政に干渉しないという伝統的な秩序からすれば、朝鮮が「自主の邦」であることと清の属国であることは矛盾していなかった。

朝鮮における清の優位

一八六〇年代から朝鮮で実権を持っていたのは幼い国王高宗《こうそう》の父・大院君《たいいんくん》であり、そのもとで鎖国堅持政策がとられた。しかし一八七三年に大院君が排斥《はいせき》されて高宗の親政が開始され、王妃の一族である閔《びん》氏が権力を握っていった。そうした状況下の朝鮮と、日本は外交関係を樹立した。

ただ、朝鮮は依然として西洋諸国に対しては国を開いていない。折しも一八七九年、前述のとおり日本が琉球を沖縄県とし、完全に領土として取り込んだ。清側は反発し、危機感も持った。朝鮮・琉球・日本方面の問題に対応してきた清の指導者・李鴻章《りこうしょう》は、朝鮮に西洋諸国への開国を勧めた。西洋諸国を引き込むことで、日本を牽制《けんせい》しようとした。

李鴻章（1823〜1901）

しばらくして一八八二年五月、朝鮮はアメリカと修好通商条約を結ぶ。米朝間の条約だが、まず李鴻章がアメリカ側と交渉して条約案を作成した。イギリス、ドイツとの条約締結もこれに続く。

朝鮮国内では一八八二年七月に軍の暴動が発生し、反乱となった（壬午軍乱《じんごぐんらん》）。公使館が襲撃されるなどした日本は朝鮮に軍艦や兵を送り、また事変の責任を追及する。ただ清は、数千名の兵を送り込むなど日本を上回る規模で迅速に対応した。そして反乱を鎮圧し、朝鮮側に働きかけて日本との交渉を早々にまとめさせた。

一八八四年には金玉均《きんぎょくきん》ら朝鮮の急進開化志向の勢力がクーデターを計画し、在朝鮮日本公使館が加担した。一二月、金らは王宮を制圧し、政権を奪取する（甲申《こうしん》政変）。しかし、清軍の急襲を受けてすぐに破綻した。

日本も兵を送り、日清両軍が朝鮮に駐留して緊張が高まるなか、日清間では一八八五年四月、天津条約が結ばれる。双方の代表は、伊藤博文と李鴻章である。朝鮮からの日清両国の撤退や朝鮮に日清両国から軍事教官を派遣しないこと、他日朝鮮に派兵する際は相手方に通告し、事態が収束したら直ちに撤兵するといったことが決まり、日清の軍事衝突は回避された。

以上のような展開を通じて、朝鮮に対する清の影響力は強まっていった。朝鮮で内乱が起こると、独力で平定できない朝鮮政府に代わって清が鎮圧した。伝統的な宗主国と属国の関係に依拠してはいるものの、伝統的にはおこなわれていなかった直接的なコントロールがなされるようになった。アメリカ、イギリス、ドイツといった西洋諸国と朝鮮との条約締結も、清が主導した。

清と朝鮮の立場や思惑が、常に一致していたわけではない。宗属関係が存在することを前提に、その内実をめぐる両国間の駆け引きは続いた。高宗がロシアへの接近を図り、清側に露見するといったこともあった。朝鮮国内の党派対立や外国人の動向も複雑にからみ合って、朝鮮情勢はゆれ動いた。イギリスがロシアへの対抗上、巨文島《きょぶんとう》を占領したように、朝鮮は世界的な英露対立が波及する舞台ともなった。

そのように朝鮮情勢は波乱含みでありつつも、ある種の均衡状態が成立していた。清と朝鮮の間の宗属関係は、日本や西洋諸国の存在を意識しながら強化された状態で存在した。清と日本は天津条約を結び、軍隊を引きあげた。西洋諸国も、さまざまな動きがあったとはいえ、あえて多大なコストを払ってまで朝鮮への進出を目指しはしない。関係各国は、それぞれ濃淡あるものの、朝鮮において清が支配的な地位を有していることを是認ないし認識し、それを前提に行動した。日本の指導者たちも同様である。

日本の東アジア政策と日清開戦の背景

天津条約以降も、日本と清の間で緊張関係が生じることはたびたびあった。たとえば一八八六年八月、長崎で清の水兵と日本人との大規模な乱闘事件が発生し、双方に死傷者が出た。一八九四年三月には、甲申政変後に日本に亡命していた金玉均が上海に渡って暗殺され、清や朝鮮に対する日本側の意識が硬化したとされる。

伊藤博文（1841～1909）

とはいえ、日清両国が軍事衝突に至る素地は、必ずしもそうした個々のできごとに左右されず、構造的にできあがっていた。それは、日本と清が戦争を目指して着々と歩を進めていったということではない。清は、日本と戦争をするつもりはなかった。日本も基本的に、対清協調の方針だった。政界の第一人者たる伊藤博文や伊藤の盟友で外務卿・外相を長年務めた井上馨は、清との戦争は不可避ではなく、共存・協調は可能だと考えていた。

ただ一八七〇年代以来、日本政府は朝鮮を独立自主の国として位置づけようとしてきた。また、伊藤・井上も含め日本の政軍指導者はみな、何らかの意味で朝鮮における日本の影響力を保持したいとも考えていた。

伊藤は、東洋の平和と発展のためには日清の和親協力が必要だと考えており、清側のパートナーとして、李鴻章に期待していた。同時に、朝鮮の独立も重視していた。伊藤の方針は、清と協調しつつ朝鮮の独立を支援するというものである。

伊藤の考えでは、対清協調と朝鮮の独立扶持《ふち》は矛盾していない。むしろ、その両方の政策によって東アジア情勢は安定すると考えていた。しかし、清にとって朝鮮は属国である。しかも一八八〇年代、清の朝鮮に対する影響力は強まっていった。清からすれば、朝鮮独立扶持というのは、清や、清を中心とする秩序への挑戦であった。天津条約以降、当面は朝鮮の現状維持というところで日清間の合意が成立していたものの、朝鮮をめぐる日清の世界観は、根本的なところで相容れないものだった。

そしてより直接的には、日本の軍備増強によって開戦の可能性が高まった。日本は一八八〇年代から九〇年代にかけて、清に比べて劣勢であるという認識のもと、清に対抗できるよう軍事体制の整備を進めた。もちろん、十分な軍事力があれば自動的に開戦に向かうというものではない。ただ、軍備が整っていることで、日本政府が対外政策を検討する際に対清開戦が選択肢として視野に入ってきた。あるいは少なくとも、対清軍事衝突をなんとしても回避しようという意識が弱まった。

以上の背景のもとで、一八九四年に朝鮮で大規模な民衆反乱が起き、日清開戦に向かっていく。

2　日清戦争——日本と東アジアの転機

朝鮮への派兵

一八九四年、朝鮮で民衆反乱が発生し、五月末にかけて勢いを増してきた（東学党《とうがくとう》の乱、東学農民運動、甲午《こうご》農民戦争）。朝鮮政府はその鎮圧のため清に出兵を求め、清側は応じる。朝鮮で内乱が発生し、清の派兵も予想されるという状況において、日本も朝鮮への出兵準備を進めた。

当時の日本は、第二次伊藤内閣期である。六月二日の閣議で派兵が決まり、五日に大本営が設置される。派兵規模は混成一個旅団、計約八〇〇〇人ということになった。公使館および国民の保護というのが主な出兵理由だったが、派出した兵を利用して朝鮮における勢力の挽回や伸長を図ることも視野に入っていた。もっとも、この出兵決定は基本的に、清との軍事衝突を目的としたものではない。

朝鮮への速やかな派兵自体は、一八八〇年代からの日本・清・朝鮮の関係をふまえれば当然あり得る判断だった。壬午軍乱や甲申政変において、清は朝鮮に兵を送って内乱を鎮定し、影響力を強めた。日本側としては、再び同じような展開となることは避けたい。伊藤首相は右記のとおり対清協調志向だったが、この派兵の決定は、伊藤の従来の方針に反するものではなかった。むしろ、対清協調・朝鮮独立扶持という伊藤の方針からすれば、朝鮮における内乱が激化することや、朝鮮からの要請を受けた清が単独で兵を発し鎮圧することの方が憂慮すべき事態である。

日本政府は大兵の派遣を決定し、出兵にとりかかった。ところが、当時日本にいた大鳥圭介《おおとりけいすけ》駐朝鮮公使が兵を伴って朝鮮に戻ると、反乱は鎮静化に向かっており、首都の漢城《かんじょう》は予想外に平穏だった。誤算である。大鳥は日本本国に、すでに出兵した軍隊以外の派遣や軍隊の上陸・入京を見合わせるよう訴えた。朝鮮や清も、撤兵を求めていた。

日本政府・軍は、ひとまず第二次分の派兵を見合わせ、派遣済みの軍隊も仁川《じんせん》にとどめることとした。しかしそこで、単に撤兵するというわけにはいかなかった。朝鮮で民衆反乱が発生し、清は朝鮮政府の要請を受けて兵を送り、日本は公使館や居留民の保護という名目で派兵した。仮に日清が同時に撤兵するのだとしても、日清双方が特に何もせずに撤兵した場合、朝鮮保護のために清が出兵した実績だけが残る。朝鮮に対する清の宗主権は、さらに強化されてしまう。派兵にかけた政治的・金銭的コストも無駄になる。日本としては、大兵の派遣に見合う成果をあげることが目指された。

その一つの方策が、日清両国が協力しての朝鮮の内乱鎮圧、そして共同内政改革だった。六月一五日、伊藤内閣は清に対して共同朝鮮内政改革を提議することを決める。伊藤首相の案に、終局までの留兵と清が賛同しない場合の日本単独での内政改革実行という文言を陸奥外相が追加したものである。

数日後、清は日本の提案をこばむ。日本もさらに反駁し、撤兵を拒否した。早期撤兵の道は絶たれ、日清軍事衝突の可能性が高まった。

伊藤は、主観的には対清協調・避戦志向だった。清との間で交渉をおこなってきた経験があり、清の有力指導者である李鴻章を信頼してもいた。またすでに政界の第一人者で、国内政治上の地位を上昇させるために冒険主義的政策をとる必要はない。しかし、対清協調・避戦志向の伊藤は同時に朝鮮独立扶持を基本方針としており、首相として朝鮮への出兵や留兵の決定にたずさわった。

対清・朝鮮問題についての経験が浅い陸奥は、通常の外交交渉で得られる利益に対する期待や評価が伊藤よりも低く、その分強硬な要求や軍事力の行使に傾斜しやすかった。政府転覆計画に関与して数年間投獄された過去を持ち、自らの才を頼りに政治的台頭を目指す政治的立場からも、常に成功を必要としていた。かけたコストに見合う対価を獲得し、さらに利益の最大化を図ろうとしており、そうした陸奥の強硬な姿勢は日清間の妥協を困難にした。
もっとも、六月下旬の段階で対清軍事衝突というシナリオが日本の政軍指導者の視野に明確に入っていたとはいえ、どの程度の規模の衝突がどのくらいの蓋然性《がいぜんせい》で発生するのかは、まだ定かでない。状況は刻々と変化し、日本の指導者たちが共通の展望を持っていたわけでもなかった。六月末から七月にかけてロシアやイギリスが日清間の調停に乗り出したことも、状況をいっそう複雑にした。結局、英露の仲介は不調に終わるが、開戦の手順やタイミングがどうなるかはなお不透明だった。

七月、日本本国から運動開始の指示を受けた大鳥駐朝鮮公使は、朝鮮に内政改革を求める。そして朝鮮側が日本兵撤退後に自力で改革するとの回答、すなわち事実上の単なる撤兵要請で応じると、強硬策の実行を決意する。朝鮮政府に対し、清兵の撤退を清政府に請求するよう求め、回答が不十分であったとして七月二三日、日本は軍を用いて王宮を包囲・占領した。同時に大院君を担ぎ出し、朝鮮の政権構成を変化させる。王宮の包囲や占領を正当化できる口実は日本側にはなかったが、事態を打開しようと見切り発車的に行動が起こされた。具体的な方策が定まらないなかにおいて、事実上、出先の大島に判断が委ねられた格好になっていた。その後日本は朝鮮政府からの依頼というかたちをとって陸上で清軍と戦う。

ただその少し前、イギリスを介したさらなるやりとりが決裂して七月二五日に豊島沖《ほうとうおき》海戦がおこなわれ、日清間の戦争は始まった。

戦争経過と講和

日清の戦闘は、総じて日本側の勝利が続いた。日本は朝鮮の清軍を一掃し、制海権を確保し、遼東《りょうとう》半島や威海衛《いかいえい》、遼河《りょうが》平原方面を攻略し、あとは北京付近での最終決戦を期すという状況になる。清側には膨大な兵力と巨大な軍艦があったが、国家として本格的に戦争を遂行する体制が整っていなかった。

一方日本では、首相の伊藤が天皇を中心とする文武両官の協調を訴えながら、実質的に最高指導者として戦争指導をおこなっていた。政軍関係は基本的に、政優位の補完関係だった。明治天皇は大国の清と戦って勝てるのか不安であり、開戦過程において伊藤や陸奥に不満を抱くこともあったが、伊藤への信任が失われたわけではない。天皇の命を受けるかたちで伊藤は大本営御前会議に出席するなど、明治天皇の存在は伊藤の戦争指導を強く支えていた。軍事部門の長に位置する参謀総長の有栖川宮熾仁《ありすがわのみやたるひと》親王も、功名心やセクショナリズムとは縁遠く、政軍協調を後押しした。

すでに見てきたように、開戦途上においては日本として何を目指すのか定まらず、事態も日本政府の対応もゆれ動いた。しかし開戦後はおおむね、清に軍事的に打撃を与えて講和し、列強の干渉を避けて最大限の利益を得る、という目的意識を政軍有力者が共有していた。

九月以降、戦況が日本の優位で推移するなか、日本政府内では講和条件の検討が進められる。講和条件に関して、最大の問題となったのが領土の割譲である。

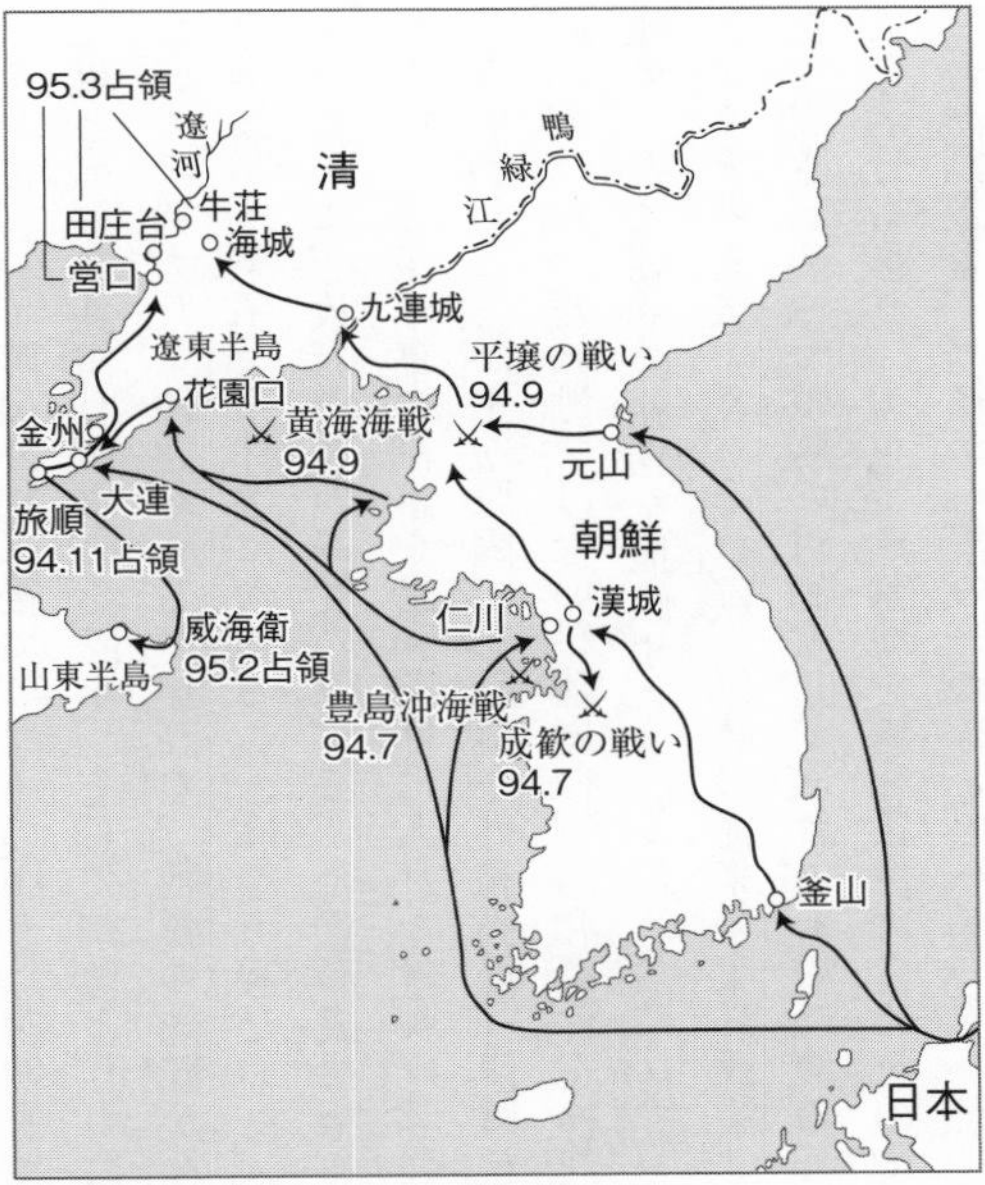

日清戦争地図（台湾、澎湖諸島を除く）
佐々木隆『明治人の力量』（講談社、2002年）所収地図などをもとに作成
矢印は日本軍主要進路。数字は戦闘もしくは占領年月。以降の地図も同様

それについて陸奥外相は後に、以下のように説明している。政府内には台湾譲与を求める海軍と遼東半島領有を求める陸軍、そして割地よりも償金を重視する立場があった。在野においては過大な条件を求める声が高く、戦勝の熱狂が社会に充満していた当時の状況では遼東半島割地条項を条件中に含めることは不可避だった（『蹇蹇録《けんけんろく》』）。

たしかに、政府内外の過度の要求は、合意形成に至るまでの陸奥の苦労を増やしたかもしれない。遼東半島の割譲を講和条件に入れなければ、強く批判されただろう。しかしながら、そういったことが主な原因で、陸奥や外務当局、伊藤首相が作成・決定した講和条件が実際の内容になったわけではない。陸奥は、講和条件を検討し始めた当初から、清と朝鮮を引き離すことで朝鮮の独立を担保するという口実で、旅順《りょじゅん》およびその付近の土地の割譲を要求しようと考えていた。それは、伊藤の従来の東洋政策とも合致する考えだった。陸奥は、戦況を見きわめつつ戦勝の対価として取れるものは取るという意識のもと、朝鮮独立の担保という名分もあり、遼東半島割地を講和条件に含めたのである。

台湾割譲も、当初から案の一つとして挙がっていた。戦勝に伴って領土の割譲を要求するという発想が根本にあり、ちょうど清に割譲させるのに適した地域として思い浮かぶのが、台湾だった。

一一月末から講和に向けた動きが本格化し、一二月に清は全権委員の派出を表明する。しかし日本側は、清はいまだ本心では和平交渉に熱心でなく、高官を全権委員に任命せず会合は不調に終わると見ていた。

そして実際、一八九五年二月に広島でおこなわれた講和談判はすぐに決裂する。清側委員は、日本側と協議するに当たって清本国に指示を仰ぐことになっているなど、権限が不十分だった。日本側は、清の代表が有する権限は「全権」の定義に適わないとして談判断絶を通告した。権限が不明確な相手と交渉しても、日本に益するところはない。戦局をさらに進展させて日本の立場をより有利にしようという狙いもあった。

三月、改めて下関で伊藤・陸奥と李鴻章との講和会談が始まる。そこで李が日本人に襲撃され負傷する事態が生じ、休戦をしたうえでの講和交渉となったものの、日本側は総じて強気の姿勢に終始した。講和条件がヨーロッパ列国に伝われば、干渉発生の可能性が高まる。また、条件を清側に開陳したならば、速やかに確答を得ようというのが日本側の方針だった。強硬な姿勢を示していれば最終的に李は日本の要求を受け入れるだろうとも見ていた。日本側は、李と清本国との暗号電信を解読していた。

四月、講和条約（下関条約）が調印される。清は朝鮮を完全な独立国と認め、清から日本への遼東半島や台湾・澎湖諸島の割譲、二億両の賠償金支払い、清とヨーロッパ各国との条約を基礎とした日清間の通商航海条約締結なども定められた。

三国干渉

下関条約調印直後、ロシア・フランス・ドイツの公使が東京で林董外務次官に面会し、遼東半島の領有を放棄するよう勧告した。三国干渉の発生である。陸奥外相はイギリス・アメリカ・イタリアの助力を得ようとするなど外交上の駆け引きで勧告を切り抜けることを模索したが、うまくいかない。領有範囲をせばめる案も露仏独三国に拒否された。日本は三国に対して遼東半島の永久占領を放棄することを約束し、日清間では予定どおり、講和条約の批准交換がなされた。

開戦から戦争終結に至るまで、日本の政軍指導者は列強が日清間の問題に干渉してくることを警戒し続けていた。ただ、主に気にかけていたのはイギリスとロシアの動向である。東アジアの問題に利害関係の薄そうなドイツが積極的に干渉を推進するというのは、想定外だった。当時の日本は条約改正や日清戦争を通じて外務大臣・外務本省・在外公館の総合的体制で外交をおこなうようになりつつあったものの、ドイツの動きは察知できなかった。

実は、干渉に関して露仏独三国の足並みが完全に一致していたわけではなく、日本は勧告をひとまず拒絶してみるのもあり得た。日本政府がそうしなかったのは、まず、三国の行動の背後には武力があるとみなしたからである。日本の政軍指導者は戦時中、いつ列強による干渉が起こるかわからない、武力を伴う干渉がおこなわれるかもしれない、と警戒し続けていた。日本が勧告を拒絶したからといって三国の武力行使に直結したかは疑わしいが、そうしたイメージを投影して三国の行動を解釈した。

もっとも、日本が単に相手方の意図や能力を誤解したことで勧告を受諾したのかといえば、そうではない。日本には守るべき利益がほかにあったために、三国との戦争は避けるというところを早々に固定し、対三国では妥協的な判断に傾いたのである。もともと日本にとって、遼東半島の獲得が日清戦争における絶対的な目標だったわけではない。また、清が合意を履行しないとか講和条約の批准をこばむといったことへの警戒心もあった。そこで、列強の干渉が実際に起きてしまった以上、それを清の対応に波及させず、朝鮮独立や巨額の賠償金、台湾割譲といった日本の戦勝を反映した講和条約を確実に成立させることが目指された。

日本は、遼東半島を清に還付するのと引き換えに償金を得ようとした。多額の賠償金に加えて遼東還付金も支払うとなると、清はさらに列強諸国からの資金供給に頼ることになる。しかし日本側は、それでもかまわないと考えていた。一一月に遼東還付条約が締結され、清は日本に三〇〇〇万両の償金を支払う。

『世界之日本』――外交担当者の対外観・再論

日本は三国干渉に衝撃を受け、その経験を通じて国際社会でものをいうのは力だと学んだ、などと論じられることが多い。しかし、国際社会において力が重要な意味を持っているというのは、日本の政治指導者・外交担当者からすれば常識に属することだった。彼らはそれを前提に、日本の行動について思案していた。列強の介入を強く警戒し、駆け引きをおこない、それでもなお最終盤に干渉が発生してしまっただけであった。右記のとおり、強硬な干渉を警戒し続けていたからこそ、三国干渉発生後すぐに、武力行使を伴うものとみなした面さえある。政党政治家やジャーナリスト、そのほか日本人一般においてはともかく、日本の政治指導者・外交担当者の外交や国際社会に対する根本的認識が三国干渉を機に大きく変わったということはない。

陸奥宗光は、「要するに兵力の後援なき外交は、如何なる正理に根拠するも、その終極に至りて失敗を免れざることあり」と記している（『蹇蹇録』）。だがそれは、力への帰依の告白ではない。三国干渉時の外交を担っていた者としての言い訳である。むしろ陸奥は日清戦争後、雑誌『世界之日本』で、三国干渉を経て国民の間で噴出した、国際社会や外交を左右するのは何よりも力であるといった考え方を批判した。

雑誌『世界之日本』は、陸奥や西園寺公望、竹越與三郎《たけこしよさぶろう》ら陸奥周辺の人物が発刊を計画し、一八九六年七月に第一号が発行された。その巻頭論文「世界の日本」は、一国の外交を支えるものとして、武力ではなく外交に関する国民の智識が重要であると主張した。そして、以下のように論じている（現代語訳、大意）。

「外交に於ける最後の判決は、武力の強弱にあり」。それは、否定できない事実である。しかし、武力を用いるに至るまでに外交操縦の余地は十分にある。このところややもすれば、列国の間に仁義なく、外交の上に道徳なしと叫び、国際上の慣例に価値を見出そうとしない者たちがいる。なんと見識の狭いことだろうか。国際法が社会道徳に比してなお不完全というならばよい。だが、列国間にまったく道義がないとの考えは、断じて認められない。

日本では幕末から明治初年にかけて、一方で、「公法」や「公道」といった言葉が盛んに用いられた。そして万国公法は、万国に通ずる純理、東洋における天道の思想と解されて受容された。他方で、国際関係について当初から、弱肉強食、優勝劣敗、実力主義の世界と捉える傾向も強かった。西洋世界や国際社会をめぐって、「公」・「道」・「理」と弱肉強食という、二つの大きく異なる理解が存在していた。

しかしながらその後、日本の外交担当者たちは経験を積み、国際社会の実態に対する理解を深めていく。彼らは西洋諸国が形成する国際秩序を、完全に公正な理想的世界と信じていたわけでも、もっぱら力が支配する弱肉強食の世界と見ていたわけでもない。力がものをいうが、ルールや規範もたしかに存在する世界として、理解していた。右に紹介した『世界之日本』の議論は、まさにそうした外交担当者たちの対外認識を表している。そしてその認識は、日清戦争後の日本外交を基礎づけていくことになる。

日清戦争と朝鮮――内政改革策の限界

少しさかのぼって日清戦争中の朝鮮の状況を見ると、日清開戦に伴って朝鮮が清の強い影響下から脱し、日本は朝鮮側に何らかの働きかけをおこなうことが可能になった。ただ、もともと朝鮮において清が支配的な地位を占めていることを前提に朝鮮をめぐる行動を考えていた日本政府は、日本自身としてどのような政策を追求するのか、これといった方針がなかった。そこでひとまず、朝鮮を名義上は独立国と認めつつ日本が支えるということになった。そして朝鮮の戦争協力を定めた日朝間の盟約などが結ばれるとともに、朝鮮で内政改革が進められていく。

その改革には、朝鮮の内在的・自律的論理があり、単に日本が強要して実行されたということではない。ただ日本としても、確たる見通しがないなかでさしあたり、内政改革を朝鮮政策の基軸としていた。内政改革とは政治、法、軍事、財政、警察、交通といった各種制度の整備や改良であり、日清開戦の途上から大きな焦点となっていた。それは、朝鮮の自立・強化策を講じることで清との関係性を弱めさせるという意味を持ち、また改革の過程で日本の影響力や利権が拡大することも期待された。

一八九四年一〇月、大鳥圭介に代わって井上馨が駐朝鮮公使となる。元勲級指導者の井上を朝鮮公使就任へと駆り立てた動機は、「老後之《の》一腕も試度《ためしたく》」（九月二七日、伊藤博文宛井上書簡）、つまり明治維新以来の内外政を第一線で経験してきた自らの手腕で朝鮮近代化を成功させたい、ということだった。井上は朝鮮の内政改革について、「若《も》し小生にして成不能《あたわず》ば、何人《なんぴと》にても多分其《その》功を見る不能《あたわざる》ならん」とも記している（一一月四日、山県有朋《やまがたありとも》宛井上書簡）。伊藤や井上には、そうした自信や自負心と、清・朝鮮に対するある種の思い入れがあった。

井上馨（1836〜1915）

しかし、朝鮮が日本を頼りながら近代化政策を進めるという内政改革構想は、そもそも無理があった。一般的に考えても、改革に対しては反発がつきものである。朝鮮国王（高宗）・王室・政府との関係は不安定だった。しかも日本は朝鮮に軍隊を送り込んで清と戦い、軍事力を伴うかたちで朝鮮の改革を支援ないし強要していた。少なくとも、朝鮮の人々からはそのように見えた。反発や抵抗が生じるのは当然だった。一〇月から東学農民軍が大規模に再蜂起《ほうき》し、日朝の軍隊が鎮圧していく。日本軍はそれ以前から、朝鮮における電信線の破壊や兵站《へいたん》守備

高宗（1852～1919）

兵の襲撃に悩まされていた。

また、独立の基礎を強固にするためということで朝鮮の内政に干渉すれば、独立を侵害するようなかたちになり、朝鮮の独立確保という日清戦争の大義名分に抵触する。他方で、日本が朝鮮に十分な支援を与えなければ、朝鮮側には他国を頼ろうとする動きが出てくる。とはいえ、十分な担保や対価なしに援助を繰り返すわけにもいかない。日本の朝鮮政策は袋小路に入り、解決策を見出すことはできなかった。一八九五年四月上旬にかけて、日本政府も井上も内政改革策の行きづまりを強く認識していく。

閔妃殺害事件と露館播遷

以降、三国干渉もあり朝鮮では日本の威信が落ち、ロシアの影響力が増す。そうしたなか、井上に代わって三浦梧楼《ごろう》が駐朝鮮公使となった。三浦は長州出身でかつて陸軍反主流派の雄だった人物であり、外交経験はない。外交の素人である三浦が強硬な対応をとることへの期待や、円満かつ早期に井上の公使退任を実行したいとの考えなど、複雑に思惑がからみ合い、関係者がみな三浦後継という点で合意していた。

朝鮮において内政改革策が行きづまっていることは明らかで、井上の公使退任も既定路線だった。しかし日本政府は、適当な後任も内政改革策に代わる政策も、見出すことができなかった。その空隙を埋めるかたちで、三浦が選ばれた。そして伊藤内閣は、朝鮮政策に関する指示をおこなわないまま三浦を朝鮮に派出する。方針が存在しないのだから、指示の出しようもなかった。日清開戦時点でこれといった朝鮮政策を持ち合わせていなかった日本政府は、内政改革策をとったもののその限界に直面し、朝鮮に関していかなる政策をとればよいのかわからなくなってしまっていた。

一〇月、三浦は朝鮮国内の対立関係に乗じながら、王宮襲撃・閔妃殺害事件を引き起こす。日本側は、朝鮮の親露・反日傾向の中心人物は閔妃だと見ていた。事件は、誤算もあって日本人が関与していることが当初から露見しており、諸外国に対し単なる朝鮮国内の政変であると言い抜けることはできなかった。日本政府は三浦を更迭し、小村寿太郎《こむらじゅたろう》を後任に据え、各国には朝鮮に対する日本の不干渉方針を宣言する。

朝鮮の政情はその後も不安定な状態が続き、金弘集《きんこうしゅう》政権が進める改革に対する反発と政争が相まって、朝鮮各地で反日・反開化の暴動や反乱が発生する。そうしたなかで翌一八九六年二月、高宗は在朝鮮ロシア公使館に移った（露館播遷《ろかんはせん》）。金政権の要人たちは罪人あつかいとなり、金弘集は群衆に殺害された。日本からすれば、有力な提携相手と目される朝鮮の指導者たちが一掃され、しかも朝鮮国王はロシアの保護下にある。朝鮮におけるロシアの勢力伸長と日本の後退は、決定的となった。

非同盟・日露協商

その事態に対処すべく日本はロシア側と折衝し、五月に小村・ウェーバー協定が、六月に山県・ロバノフ協定が結ばれる。山県・ロバノフ協定の方は日本側からすると内容にやや問題があったが、どちらも基本的に、ロシアの急速な朝鮮進出に歯止めをかけつつ朝鮮情勢を落ち着かせようとしたものである。高宗の王宮への帰還問題や日露の軍隊・衛兵駐留、朝鮮政府への財政支援、日露が朝鮮に兵を送る場合の用兵地域などについて規定した。

そして同じころ、非同盟・日露協商路線が日清戦争後の日本の外交方針となり、朝鮮をめぐる方針も定まっていく。

日清戦争後、日本の朝野では、イギリスやロシアとの同盟締結を求める声が高まった。しかし外務大臣の陸奥は、安易に同盟論が唱えられる風潮に批判的だった。陸奥は駐露公使の西徳二郎《とくじろう》への書簡で、次のように論じている（一八九五年一一月三〇日、西宛陸奥書簡。現代語訳、大意）。

> 日本は目下、日本人が思うほど列国から尊重を受けているとは思えない。今しばらく機をうかがって、まずは自己の勢力を養成するのが第一である。また、同盟というからには同盟の目的や利害の合致がなくては無意味であるし、いずれかの強国が、他国の反感を買いながらそのように無効能の同盟をするはずもない。

西徳二郎（1847～1912）

日本が単独で国際社会に存在するのが不安だから大国との同盟を模索するなどというのは、実現可能性に乏しく無益だと陸奥は考えていた。同盟について考えるにしても、その条件や利害をよく検討する必要がある。西も、同盟に関する陸奥のそうした姿勢に同調した（陸奥は西の駐露公使としての働きを評価し、書簡をやりとりして意見交換をおこなっていた）。

ただし、同盟論を否定するといっても、ロシアとの対立を回避し朝鮮情勢を安定化させるような取り決めは、結ばれる方が望ましい。小村・ウェーバー協定や山県・ロバノフ協定がそうである。それは、同盟模索とは区別されるところの日露協商である。そのように、大国との同盟形成は模索せず、朝鮮に関してロシアとの間で必要な協定は結び、あとは軍拡など日本自身の国力養成に専念するというのが、非同盟・日露協商路線であった。陸奥や西は、ロシアがやみくもに領土の拡張を追求しているとは見ておらず、ロシアは朝鮮併合を図っても得にならないのだから当面そのようなことはしないだろうと考えていた。

陸奥は対露関係と朝鮮政策に関する閣議案を提出し、ロシアが遼東港口へのシベリア鉄道の延長や朝鮮保護国化を図った場合に、（甲）最終的には兵力を用いることも覚悟して徹底抵抗、（乙）武力行使につながるような措置は避ける、というどちらにするかを問い、乙の方針への確定を訴えた。伊藤内閣は乙案を採択し、ロシアとの軍事衝突を避ける方針を決定する。朝鮮をめぐってロシアと戦う覚悟を持つか朝鮮放棄か、という二つの極論が提示され、戦闘よりは撤退、葛藤の惹起《じゃっき》よりは不干渉が選択されたのである。

一八九六年五月初め、日露接近の兆候が表れるなかで、イギリスが日本に朝鮮の共同独立担保を打診してきた。しかし陸奥は積極的に応じず、話は進展しなかった。たしかにそれは、あまり現実味のある提案ではなかった。ただ、もし日本がイギリスと協調してロシアと対抗するという構想を持っていたならば、イギリスからの提案を日英協調の足がかりにしようとしたはずである。ところが陸奥は、そうした素振りをまったく見せなかった。非同盟・日露協商路線が陸奥の構想であり、日本外交はその方向に進み始めていた。

朝鮮に関しても、小村・ウェーバー協定締結後に小村と入れ替わりで駐朝鮮公使となった原敬はなるべく問題を生じさせないように自重方針をとり、日本本国もそれを支持していた。日清戦争開始後に混迷を深めていった日本の朝鮮政策は、距離をとり、もめごとを避け、自重するというところに落ち着いたのだった。

総じて以上のような方向で、朝鮮政策と対ロシア政策、中長期的方針と個々の問題への対応、日本政府・外務本省と出先の考えは一致していた。非同盟・日露協商路線や朝鮮における自重は、一八九八年の第三次伊藤内閣期まで続く。

中国分割と西・ローゼン協定

日清戦争を通じて、それまで東洋の大国と考えられていた清の評価は下落し、ヨーロッパ列強は清への進出意欲を高めた。しかも清は、日本に対する多額の償金支払いのために外国から資金を調達する必要があった。

また日清戦争中、清はたびたびヨーロッパ諸国の介入を求めており、実際、三国干渉によって遼東半島を取り戻すことができた。清が自ら、列強が東アジア情勢に関与する道筋をつくっていた。そして清はロシアを頼る路線に傾斜し、一八九六年六月には露清共同での日本への対抗やロシアへの満州の鉄道利権の供与が定められた。

そのようにして、日清戦争を機に、ヨーロッパ列強の東アジアへの進出が本格化する。象徴的なできごとが、いわゆる中国分割である。一八九七年一一月に宣教師殺害を口実としてドイツが膠州湾《こうしゅう》を占領し、交渉の末、翌一八九八年三月に独清間で膠州湾租借《そしゃく》条約が締結された。ロシアも同じく三月、旅順口・大連《だいれん》湾を租借地とするなどの条約を結んだ。イギリス、フランス、日本も連なった。「中国分割」といっても中国の領土が本当に分割されたわけではないが、租借、諸権益の獲得、他国への不割譲の要求などさまざまな態様で、ヨーロッパ列強や日本が中国への進出を図った。

同じころ、朝鮮半島をめぐっては、日本とロシアの間で新たな協定が成立する。少しさかのぼると、朝鮮国王高宗は一八九七年二月に王宮に帰還し、一〇月に国号が大韓《だいかん》と改められた（大韓帝国、韓国）。日本は基本的に自重方針を踏襲しており、そのうちに、朝鮮（韓国）においては今度はロシアへの反発が顕在化してきた。折しも、ロシアは中国分割の一環で旅順・大連を得ようとしていた。

そこで、日露双方の思惑が重なった。ロシアは、韓国に派遣していた士官や財務顧問を撤退させ、それを機に韓国への内政不干渉を日本と取り決めようとした。日本側は第三次伊藤内閣で、外務大臣は西徳二郎である（陸奥はすでに亡くなっていた）。西外相や駐露公使の林董は、ロシアにとっての利益や関心の所在が変化していることを見越して、ロシアは満州、日本は韓国、というかたちで進出先のすみ分けを図る。

日本はかつて、ロシア・フランス・ドイツの三国干渉を受けて清に遼東半島を還付した。にもかかわらずロシアがその遼東半島の先端を租借し、満州に進出してこようとしている。日本国内では、憤りの声があがった。しかし外交当局者は、ロシアの満州進出を非難するのではなく、それに合わせて日露の進出先をすみ分け、利を得ようとした。ロシアとの紛争回避にもつながる対応であり、ヨーロッパ列強との間に紛争が発生するのを恐れていた伊藤首相も賛同するものだった。そうして一八九八年四月、日露両国が韓国の独立を確認し、内政不干渉を定め、朝鮮における日本の商工業上の優越を認めるなどした西・ローゼン協定が結ばれた。

日清戦争を経て

日清戦争以前、東アジアの大国といえば、清であった。朝鮮における清の存在感も圧倒的だった。日本は朝鮮の独立を掲げ、そうした現状への挑戦を試みていた。

そこから、日清戦争によって、日本と東アジアの姿は大きく様変わりする。

日本は下関条約の結果、台湾・澎湖諸島を獲得し、その後の対外膨張の始点となった。清に対しては、ヨーロッパ列強とともに清を従属下に置く立場となっていく。また、賠償金と遼東還付の償金などで日本円にして約三億六〇〇〇万円を得ることとなった。日清戦争以前の国家歳出の四倍を超える額である。そしてそれを財源として大規模な軍拡をおこなった。

日清戦争において、日本は基本的に各戦闘で勝利した。ただ、相手方が完成された近代的な軍隊ではなく国家として総力をあげて戦っているわけでもなかったにもかかわらず、日本は大半の兵力を派出した。その状況で三国干渉が発生し、日本の政軍指導者は軍事力行使を伴うものと見て強い危機感を抱いた。日清戦争を通じて日本の指導者たちは、深刻な兵力不足という認識を持ったのである。日清戦争終結から軍拡計画が策定されるころまでの期間は、台湾での平定作戦にも多くの兵力が用いられた。そこで、大規模な軍拡計画が成立した。当初案で直接的に陸海軍拡張費として計上された分のみで、二億八〇〇〇万円に上る。経常費も増加し、国家歳出に占める軍事費の割合は日露戦争に至るまで平均して四割を超えた。軍拡は後に、日本政府がロシアとの戦争を決意する前提条件となる。

東アジアに目を転じれば、下関条約により清が朝鮮の独立を認めることとなり、中国王朝を中心とする秩序は崩壊に至る。戦敗によって清に対する国際的な評価は下落し、三国干渉や償金支払いのための資金調達もあり、ヨーロッパ列強の進出が本格化した。一八九八年にはいわゆる中国分割が発生する。中国は東洋の大国の座から転落し、爾後《じご》しばらく場として、あるいは客体として、国際政治上の焦点となる。

朝鮮では、日清戦争に伴い清が撤退し、日本が内政改革・近代化策に取り組むものの行きづまり、ロシアが影響力を拡大するという展開を経て、日露が潜在的な対立はありながらも小康状態を築いた。清と朝鮮の宗属関係を軸に展開していた朝鮮情勢は、日露が主要な関係国となった。

そして次なる日本と東アジア地域の変動もまた、日清戦争後の歴史的蓄積から生じた。次章ではその展開を見ていく。

第3章　大国の一角へ

1　日露戦争と韓国併合

北清事変

一八九九年から一九〇〇年にかけて、清国内で列強の進出への反発が強まるなかでキリスト教徒に対する襲撃事件などが起こり、やがて運動は激化する。義和団《ぎわだん》の乱である。清政府もこれに乗じ、一九〇〇年六月、清と列国は交戦状態に入る（北清《ほくしん》事変、義和団戦争）。

当時の日本は第二次山県有朋内閣期であり、山県首相・青木周蔵外相ともに、清への大規模な派兵に積極的だった。北京で公使館に対する攻撃がおこなわれるなど、清では日本を含む諸外国の人々が危険にさらされていた。地理的に、速やかに多くの兵を清に送り込むことができる国といえば日本である。したがってたとえばイギリスは日本に、大兵の派遣を繰り返し要請した。

ただ日本は、単に他国の依頼を受けて受動的に対応したわけではない。青木外相はイギリス側に働きかけ、明確な要請を出すように導いていた。青木は、派兵に関する十分な後押しをイギリス側から引き出すことで、対外的にも対内的にも日本の行動を正当化しようとした。日本の指導者内では、伊藤博文が慎重派であり、説得が必要だった。

日本政府は七月に師団単位の本格的出兵を決定し、さらなる増派も視野に入れた。ただ結局、八月には列国軍が北京を占領し、清と列国との戦闘は終結する。

なお八月末、日本の台湾総督府が関与した謀略で台湾対岸の福建省《ふっけん》・厦門《アモイ》の本願寺布教所が焼失し、それを機に日本は軍事行動にとりかかろうとした（厦門事件）。勢力拡張に積極的な山県内閣の志向が表れた動きだった。しかしイギリスなどからの抗議を受け、作戦は中止された。未発に終わった対外膨張策の一例である。

以上は、日本の外交・軍事上の行動についてである。北清事変自体は終局局面、そして賠償金をめぐる交渉など事後的な処理に向かった。

ロシアの満州占領

しかし事態は、そこにとどまらなかった。ロシアが、満州を軍事占領したのである。六月以降、騒擾《そうじょう》が満州に及んだのを機に軍事行動に着手し、一〇月にかけて満州全域を制圧していった。

ロシアは満州からなかなか撤退せず、日本はそうした状況を問題視していく。一〇月に成立した第四次伊藤内閣は、中国の門戸開放と領土保全をうたう英独の協定（揚子江《ようすこう》協定）に参加を表明した。

また、露清間でロシアの満州での強い影響力を認めるような内容の協約が検討されると、日本は成立を阻止しようと立ち回った。ただ、加藤高明外相は比較的強硬な姿勢だったものの、伊藤内閣としては慎重な方針をとっていた。つまり、イギリスやドイツ、アメリカがロシアへの直接的な抗議には消極的だったため、日本の行動もそこからあまり逸脱しないよう歯止めがかけられた。満州問題をめぐってロシアに単独で交渉を試みるのは不調に終わる可能性があり、その場合は対露戦の決意が必要で、それははなはだ危険であるとされた。

一九〇一年四月には、日英独間の同盟締結という構想があることを駐英公使の林董が日本本国に伝えてきている。林や、日本国内では山県は、同盟に賛意を表した。ただその時点で具体的な動きが生じたわけではなく、イギリス側の様子をうかがうにとどまった。

日英同盟

桂太郎（1848～1913）

一九〇一年六月、伊藤内閣に代わって第一次桂《かつら》太郎《たろう》内閣が成立する。日本側の要因から見るとこれが、日英同盟締結に向かう大きな転機となった。桂や、しばらくして外務大臣に就任する小村寿太郎、長州・陸軍の長老で桂内閣の後見人的な山県は、イギリスと軍事同盟を結んでロシアに外交上の圧力をかけることに積極的だった（小村は桂内閣成立時、駐清公使として大づめを迎える北清事変後の折衝に当たっていた）。

それに対し伊藤は、ロシアを刺激するのを警戒していた。イギリスとの間で何らかの協定を結ぶこと自体には必ずしも反対ではなかったものの、ロシアとの対立関係を際立たせ、ロシアに圧力をかけるような行動は危険だと考えていた。アメリカに赴く予定のあった伊藤は桂や山県、井上馨と協議し、アメリカからさらに足を延ばしてロシアに向かうこととなる。

一方、七月にかけて日英間の同盟をめぐる折衝は再開していたものの、イギリス側の意向ははっきりしなかった。伊藤ならば、様子見を続けたところである。ところが桂内閣は、一歩踏み込んだ。一〇月、林駐英公使に同盟に関する意見交換の権限を与えた。

そうしたなかで一一月、事態は急転する。イギリス側が協約の草案を提示してきたのである。前提として、イギリスはいわゆる光栄ある孤立からの転換期に差しかかっていた。イギリス側は日本への差別意識や懸念もあったものの、同時に日英間には多面的な結びつきがあり、日清戦争での勝利や北清事変時の行動などから日本の軍事力に対する評価もあった。外遊中の伊藤はなお対露関係を気にしていたが、桂内閣は日英同盟締結に向けて速やかに動いていった。そして一九〇二年一月末、日英同盟協約が成立する。一方がほかの一国と戦争をおこなうとき他方は中立を守り他国の参戦を妨げることに努める、他国が参戦した場合は他方も協同して戦闘に当たる、といった内容である。日英両国は清および韓国に侵略的方針をとらないと掲げたうえで、イギリスは主に清、日本は清と韓国に利益があるとし、それらの利益を擁護するために必要な措置をとることを認めた。

利益の論理から危機の論理へ

日英同盟の締結過程では、日本政府内で重大な論理の転換が起こっていた。すなわち、ロシアの行動を安全保障上の脅威として位置づける論理が確立したのである。江戸時代以来、日本でロシアが脅威として捉えられることは少なからずあった。しかしその認識が一貫していたわけでも、安全保障上の議論のみが日本外交において根幹の地位を占めていたわけでもない。

山県有朋（1838〜1922）

たとえば山県有朋は首相だった一八九〇年、議会において、国家には主権線とともに主権線の安危に密着の関係ある区域として利益線が存在し、独立を維持するには主権線を守るだけでは十分でないと述べた。日本の利益線に当たるのは、朝鮮半島である。後に同様の趣旨をよりくわしく論じた意見書も閣僚に回覧している。

ただそれはあくまで、軍人の山県から見た安全保障中心の対外論ということにとどまる。伊藤博文や井上馨にとって、日清戦争以前の東アジア政策を考えるうえで、安全保障問題はいくつかある重要な考慮要素の一つという以上の位置を占めてはいなかった。そして外交に関して影響力があったのは、山県よりも伊藤や井上である。よく知られる山県の主権線・利益線論は、日本の指導者の典型的な対外政策論などではなかった。

あるいは青木周蔵は、ロシアとの決戦を絶対視し、イギリスやドイツとの同盟を繰り返し推進した。それは外交指導者のなかで例外的な発想だった。

日清戦争後、陸奥外相や西駐露公使は、ロシアはむやみに対外膨張行動をとらないものと考え、非同盟・日露協商の方針をとった。中国分割の際には西外相・林駐露公使ともに、ロシアの満州進出に合わせて朝鮮半島で見返りを得ようとした。大国同士の相互利益を達成しようとしたのである。そして、西・ローゼン協定が結ばれた。

北清事変時にロシアが満州で軍事行動を始めたときも、当初の段階では、駐露公使の小村寿太郎はロシアと安定的な相互了解に至る好機だと日本本国に意見具申した。日本とロシアはそれぞれ朝鮮と満州で自由行動権を持ち、互いに通商上の自由を保証するという、満韓交換的な発想である。

小村は、ロシアは必要に迫られて日本に融和的な姿勢をとろうとしていると論じた。中国分割時の林駐露公使と、同じ分析だった。彼らの発想は、ある国が一方に注力しようとすれば他方における勢力や利益が低下し、そこに相互利益の達成や紛争回避を図り、またつけ込む機会が生じるというものである。

小村も林も、あるいは加藤高明も、満州はいずれロシアの支配下に置かれるものと見ていた。しかしだからといって、それが日本にとって脅威で危機的な問題であるということには、一九〇〇年までの段階ではなっていなかった。

ところが、満韓交換的な交渉が本格的になされないまま、ロシアの満州占領が既成事実化されていく。そこでイギリスと同盟を結びロシアに圧力をかけるというのが有力な選択肢となり、日英同盟をめぐる国内外の折衝の途上で、ロシアの行動を日本の安全保障上の脅威と位置づける論理が確立した。

すなわち林駐英公使は、イギリス側と中国情勢をめぐって意見交換をするなかで、満州問題は朝鮮問題に通ずると論じた。満州に関するイギリスの姿勢は定かでなく、ロシアが外交を通じて満州での地位を強化してしまうのではないかと林は警戒しており、ロシアの満州進出の問題性を明確にしたうえでそれに対抗する同盟をイギリスと結ぼうとした。日本本国も、ロシアの満州における統治権拡張は韓国独立の危機で、韓国独立の危機は日本にとっての危機であるとの立場をとった。

一九〇一年一二月、最終的に日本政府が対英同盟締結の方針を決めたとき、小村外相の意見書では、「韓国の運命は我邦の死活問題」、「満洲既に露の有とならば、韓国亦《また》自ら全うする能わず」とされた(『日本外交文書』)。ロシアによる満州占領は韓国独立の危機であり、それはすなわち日本にとっての危機、という論理である。同様の論理は、一九〇三年六月に対露交渉方針を定める際にも、対露開戦時の詔勅でも用いられた。危機の論理が利益の論理にとって代わり、日本の対外政策を導くようになったのだった。

開戦

日英同盟は軍事同盟だが、イギリスはむやみにロシアを刺激することや日本が同盟をテコにロシアに敵対的行動をとることは望まなかった。日本政府も、戦争を前提とする協定であるようには喧伝していない。とはいえ、ロシア側はもちろん日英同盟締結を圧力として捉える。日本側も、それを期待していた。

日英同盟成立後の一九〇二年四月、ロシアは清との間で満州に関する協約を結び、段階的な撤兵を取り決める。一〇月の第一次撤兵は実行された。しかし、一九〇三年四月の第二次撤兵は実行されなかった。

日本政府は一九〇三年六月、対露交渉に臨む方針を決定する。ロシアが満州を占領しさらに韓国への策動も試みており、このままでは朝鮮半島、ひいては日本の存立が脅かされると論じられた。そして交渉について、「一旦之《これ》を提議するからには万難を排し飽迄《あくまで》我目的を貫徹するの決心を以て着手する」とされた（『日本外交文書』）。相応の覚悟をもって、つまりいざとなれば戦争を辞さないような構えで対露交渉に臨むこととなったのである。

以降しばらく、日露間の折衝が続く。ただこの交渉は、構造的に妥結が困難だった。

北清事変以前は、韓国における日露の対立はしばしば発生したものの、一応、ロシアは満州、日本は韓国というかたちで進出先をすみ分けていた。しかしロシアが満州を軍事占領しそれが既成事実になっていったことで、そうした日露間のつり合いのとり方は成り立たなくなった。満州におけるロシアの立場と韓国における日本の立場に、大きな差がついたからである。韓国は独立した国家であり、日本は何の口実もなく朝鮮半島に軍隊を派遣して占領するなどということはできない。他方で、ロシアからすれば、満州をめぐって日本と交渉をおこなう必要はない。韓国のみをめぐってロシアと交渉するのでは、満州と韓国の両方が焦点となる場合に比べて日本の交渉上の立場が弱まり、日本が満足できる内容の取り決めは成立しがたい。

ロシア側は、内部に多様な政策路線が存在したものの、基本的に日本と戦うつもりはなかった。日本の方から大国のロシアに戦争をしかけることはないだろうとも考えていた。そのような前提のもとで、日本との交渉に臨んでいた。

ところが、日本側の発想は違った。前述のとおり、日本は日清戦争後に軍拡をおこない、ロシアとの戦争が対外政策上の現実的な選択肢として視野に入っていた。また、戦争を先延ばしにすると日露の軍事バランスがロシア側に有利になっていくという状況だった。いずれにせよどこかの時点でロシアと戦う可能性が高いのであれば、今戦おうと考えられた。

政府内で誰が主導権を握っているかという点も重要であった。首相の桂太郎と外務大臣の小村寿太郎は、日英同盟締結にも対露開戦にも積極的だった。慎重な姿勢の伊藤博文とは対照的である。そして日英同盟に関しても対露開戦に関しても、政策決定過程を主導していたのは桂首相・小村外相だった。桂や小村は早い段階で開戦の決意を固め、その後日本の指導者内で考えがまとまり、一九〇四年二月に日露戦争が始まる。

開戦前の交渉最終盤、日本はロシア側に対して融和的な姿勢らしきものを示し、イギリスやアメリカにもその様子を伝えた。ただ、不用意に妥協の兆候を見せすぎてその線での妥結をロシア側が望んでもいけない。日本としては、開戦準備の一環で、日本が平和的解決に尽力していると他国に印象づけようとしていたのである。そこで、日本本国と出先との間で緊密な連携が図られた。日清戦争のときとは異なる、内閣によって周到に準備された開戦過程だった。

なお、北清事変から日露開戦過程まで、日本国内ではしばしばロシアを非難する声があがった。一九〇三年に東京帝国大学教授らが政府に対露開戦を訴える意見書を提出したことなどは、よく知られている。ただ、国内の対露強硬論が日本政府の判断を左右したわけではない。日本政府はもっぱら、ここまで見てきたような指導者内の論理と力学に基づき、ロシアとの戦争に向かったのである。

日露戦争概観

日本からすると、日露戦争は日清戦争と異なり、相手方の首都まで攻め込むようなことは想定されていない戦争である。旅順を攻略し、満州平原での決戦に勝利したうえで講和する

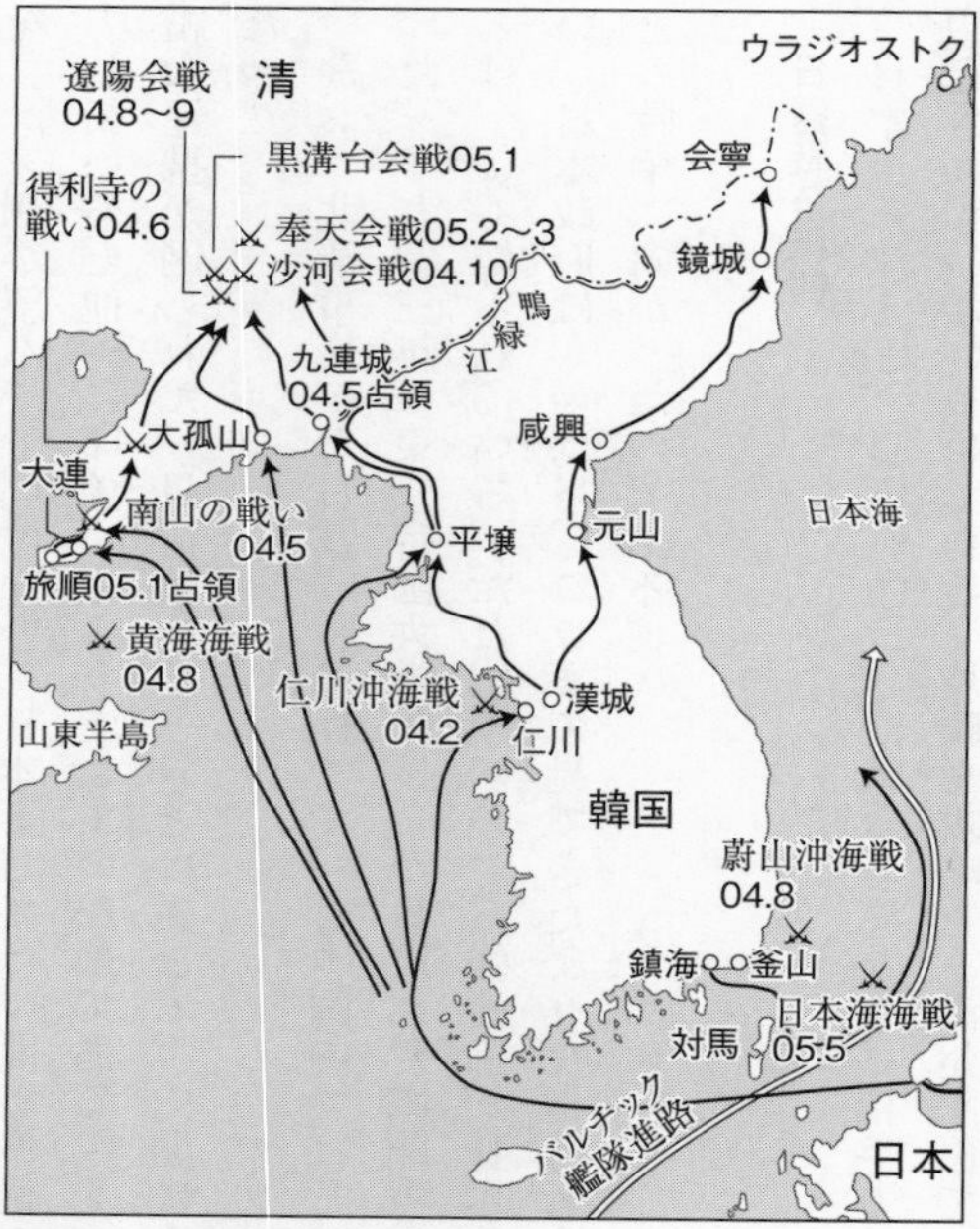

日露戦争地図（樺太を除く）
原田敬一『日清・日露戦争』（岩波書店、2007年）所収地図などをもとに作成

というのが日本側の展望だった。

そして実際、旅順要塞を激戦の末に陥落させた。また、満州における諸戦闘でもロシア軍を撤退させ、前進していった。ただ、各戦闘では日露双方に多くの戦死傷者が出て、日本の一方的勝利ということではなかった。

日露戦争を、日本は多大な犠牲と負担を伴って戦った。統計によって数値が異なるものの、戦死・戦傷死・戦病死者は少なくとも計八万人を超える。旅順での戦闘だけで、日本側の戦死者は一万五〇〇〇人に上った（日清戦争では、戦病死者は台湾平定作戦まで含めると一万人を超えたものの、戦死・戦傷死者は全体で千数百人だった）。戦費も莫大で、増税や巨額の内外債発行がなされた。日本は兵力上も財政上も、長期戦は不可能であった。

一方、ロシア側も一九〇五年一月にいわゆる血の日曜日事件が起こるなど、国内情勢に不安を抱えていた。戦争が長引くとロシア国内が乱れ、日本に有利に働くのではないかとの見通しは日本側も当初から持っており、そのための工作活動もおこなった。

日露戦争は、軍事大国同士が本格的に衝突した戦争である。世界の戦争史上、そうした大国間の戦争は久しぶりのことであった。また、総力戦の先駆け的な要素があった。そして間接的にではあるが、世界の国々や諸地域を巻き込んだ。そこで、第〇《ゼロ》次世界大戦（World War Zero）と称されることもある。

日英同盟協約の規定に基づくと、イギリスは日本がロシア一国と戦っている限りは中立を保ち、ほかの国がロシア側に立って参戦するようならばイギリスも参戦することとなっていた。したがって、イギリスが日本とともに戦ったわけではない。ただ、ほかの大国をロシア側に加担させないとともに、ロシア艦隊の航行を妨げるなど日本に対する側面支援をおこなった。アメリカも、総じて日本に対して好意的な姿勢をとっていた。日本はアメリカの仲介を得てロシアと講和することになる。

戦争終結の展望──小村外相を中心に

右記のとおり、旅順を攻略し、満州平原で決戦に勝利して講和するというのが日本側の基本的な展望だった。とはいえ、講和折衝にどの時点で本格的に着手するかなど、具体的な判断は政軍指導者内で一致していたわけではない。その点につき、小村外相の考えを中心に見ていく。

小村が思い描いていた戦争終結への道のりは、まずは旅順陥落と遼陽《りょうよう》決戦での勝利だった。ロジスティクスや全局的な判断から、満州方面での日本の軍事的優位が築かれることを意味する。そうしてロシア政府内の主戦派の立場を弱め、より対日宥和《ゆうわ》的な勢力との間で講和交渉をおこなおうとした。

小村の考えはこうだった。ロシアの軍事力は強大だが、輸送能力に難があるのではないか。また兵力で国内をおさえつけているロシアは内乱の恐れを抱え、兵を容易には動かせないはずである（「徳大寺実則《とくだいじさねつね》日記」一九〇四年七月三〇日）。

一九〇四年七月、講和条件に関する基礎的な検討が外務省内でとりまとめられる。ただそれは旅順陥落と遼陽決戦での勝利を前提に論じられており、実際に講和をめぐる折衝が始まるのはしばらく先である。

一九〇五年に入ると、旅順が陥落し、開戦から一年が経過するということで、欧米各国でしばしば日露の講和が取りざたされる。小村も、英米を頼って講和をする下準備をしていた。しかし他方で小村は、まだすぐに講和に至ることはないと考えていた。二月、日本本国から各国駐劄公使に対して、講和近しの考えは楽観的に過ぎるのであり列国の態度をいっそう注視するようにとの指示が発せられている。小村は、ロシア政府内ではいまだ路線対立が続き、沙河《さか》方面決戦での大敗かバルチック艦隊全滅といったことがないとロシアは真剣に講和を求めないと見ていた。遼陽および沙河では一九〇四年中に大規模な会戦がおこなわれたものの、前述のとおり、日本が大勝してはいなかった。

つまり小村は、十分な戦果をあげたところで講和の折衝にとりかかりたいと考えていた。当初その契機として考えられた二つのうち、旅順陥落は達成されたが、満州方面の決戦で日本が明確な勝利を収めたわけではない。したがって小村からすれば、いまだ講和の機は熟していなかった。

そうした発想は、外交担当者としては特に珍しいものではない。日清戦争時の陸奥外相も、軍の成功に多くを期待していた。ただ日露戦争は日本にとって、負担も苦戦の度合いも日清戦争より格段に大きかった。その状況で継戦や勝算に楽観的な見通しを持ち、あくまで戦果にこだわる小村は、政軍指導者内の最強硬派に位置していた。

二月から三月にかけて、日露戦争における最大の決戦となる、奉天《ほうてん》会戦が戦われる。ここでも、日露両軍に膨大な損害が生じた。ただともかくロシア側は撤退し、日本は奉天を占領した。それを受けて伊藤博文は、すでに日本としては宣戦の目的を達したと判断していた。寺内正毅《てらうちまさたけ》陸相、山本権兵衛《ごんべえ》海相、児玉源太郎《げんたろう》満州軍総参謀長なども、講和に向けて動き出そうとした。

しかし小村は、本格的な講和折衝に着手しようとしなかった。ロシア軍に決定的な打撃を与えるような勝利ではなかった以上、奉天会戦の結果では講和の十分な契機には当たらないというのが小村の判断であり、海戦を待とうとした。海戦で思うような戦果があがらない可能性もあることを考えると、奉天会戦の結果で手を打たなかったのは、一種の賭けである。ただ、前年来の小村の講和構想からすれば、当然の帰結だった。

ポーツマス講和会議

そうしたなか、一九〇五年五月に日本海海戦がおこなわれる。これは、ロシア艦隊をほぼ壊滅させて日本が完勝した。日本政府はそれを機にアメリカに講和の仲介を依頼し、八月、アメリカのポーツマスで講和会議が始まる。日本はその間に、樺太も占領している。

講和交渉に臨むに当たり、日本側が講和の絶対的必要条件としていたのは、韓国を日本の自由処分に委ねること、日露両軍の満州からの撤退、旅順・大連租借権と南満州の鉄道の譲与である。これらは、細部の修正はなされたものの、早々に認められた。

一方、日露の意見が対立して交渉が重ねられたのが、賠償金と樺太割譲の問題だった。議論は行きづまり、日本側全権の小村は、どこまで本気だったかは定かでないが、談判決裂を

ポーツマス講和会議

日本本国に予告するに至る。しかし日本本国の政軍指導者たちは、より好条件での講和を達成するまで戦争を継続するのは軍事的・経済的に不可能だと考えた。そして賠償金と樺太割地を放棄してでも講和を成立させると決定した。小村に対し、まずは償金の方から撤回するといった手順を指示しつつ、ともかく今回の講和の機会を逃さない旨が明言された。

結局、償金は撤回、樺太は北緯五〇度で分割ということで決着し、九月、講和条約（ポーツマス条約）が調印される。ロシアは日本に、中国の同意をもって旅順と大連の租借権や長春《ちょうしゅん》・旅順間鉄道およびそれらの関連利権を譲渡することとなり、また南樺太を割譲した。そしてロシアは、韓国における日本の支配的地位を認めた。

他方で、賠償金は支払われなかった。ロシアは、樺太に関しては譲歩しても、賠償金を支払うつもりはなかった。日本の指導者たちも、それで結論に不満はなかった。賠償金を得るのが難しいことは、当初からよくわかっていた。右に書いたように、交渉最終盤には償金と樺太割地をともに放棄してでも講和を成立させるとの決定がなされたほどである。

しかし日本国内では、多大な犠牲を払ってロシアに勝ったにもかかわらず賠償金を獲得できなかったということで、憤激の声が高まった。日比谷焼き討ち事件も起きた。指導者・外交担当者と国民の感覚の乖離《かいり》を示す一例であった。

日露戦争と韓国

以上のような展開をたどった日露戦争は、韓国の命運を決定づけることとなる。西・ローゼン協定以降、日露戦争に至るまでの間も、日本やロシアが韓国への進出を図り、各種利権の獲得、土地の買収、租借、借款《しゃっかん》などをめぐってさまざまな動きがあった。ただ、韓国の独立国としての地位がゆらぐような状況にはなかった。ところが、日露戦争を経て韓国は一気に日本の支配下に組み込まれていく。

一九〇四年二月に日露戦争が始まると、その直後、日本は韓国と日韓議定書を結んだ。日本が日露戦争を遂行するうえで安定的に朝鮮半島を活用できるようにするとともに、韓国を日本の保護下に置くような規定を設けた。ただしその時点では、韓国が施政の改善に関して日本政府の忠告を受け入れるとか、日本政府が韓国の独立を保証するなど、抽象的内容が主だった。

そこで日本政府は、韓国とのさらなる取り決めを結ぼうとした。特に日本側が重視していたのは、韓国の外交権を掌握し、韓国が日本以外の国と結びつく可能性を断つことだった。一九〇四年八月に第一次日韓協約が締結され、韓国は日本政府の推薦する財務監督と外交顧問を雇聘《こへい》し、対外関係の処理に関して事前に日本の代表者と協議することとなる。そして日露戦争終結後の一九〇五年一一月には、日本の軍事的威圧を背景に第二次日韓協約が結ばれる。日本政府は韓国の外交関係を監理・指揮し、代表者たる統監を韓国に置くこととなった。

第二次日韓協約自体は韓国の外交権について定めたもので、その段階では、韓国の内政面まで日本が掌握した一九〇七年以降の体制とは異なる。しかし、日本が独占的に韓国を監督下に置くことは決定づけられた。列強も、アメリカは桂・タフト協定（一九〇五年七月）、イギリスは第二次日英同盟（八月）、ロシアはポーツマス条約（九月）で韓国における日本の支配的地位を承認した。

韓国併合――二つの志向、一つの帰結

そのとき、韓国に関する日本政府内の考えは、一枚岩ではなかった。伊藤博文は、日韓の結びつきを重視し韓国を支えようとしていた。他方で、桂太郎や小村寿太郎、山県有朋は、韓国に対してそうした特殊な思い入れはない。朝鮮半島を日本にとって安全な状態にしたい、そのためにはできる限り韓国に対する日本の支配を強化した方がよい、という実践的な発想だった。

ただ、さしあたり第二次日韓協約まで、日本の指導者内で対韓政策をめぐって大きな対立は生じなかった。韓国の外交権を掌握しておく必要があるというのは、伊藤も含めて日本の指導者たちの一致した認識だった。また「保護」というのが、志向の不一致を顕在化させず、いずれも包み込むような言葉として機能していた。「保護」は実質的には国家機能の奪取や支配となることが多かったが、独立支援のような意味合いもある。韓国（朝鮮）の独立支援は、伊藤が日清戦争以前から主張していたことであった。

初代韓国統監に就任した伊藤は、伊藤自身の主観としては、自分が日本で近代国家建設にたずさわってきた経験を活かし、韓国で施政改善に取り組み、独立を支援しようとした。日清戦争時の井上馨と同じ発想である。

したがってやはり、問題も同じだった。つまり、そもそも一般的に、改革に対しては抵抗がつきものである。そのうえ、軍事力で韓国を威圧している日本への反発も大きい。日本政府と韓国指導者層との安定的な提携関係も成立していなかった。

一九〇七年、ハーグで万国平和会議が開かれていたところに、韓国皇帝が日本の不当な支配を訴える使者を派遣する。それを機に第三次日韓協約が結ばれ、内政面においても日本の韓国支配が強化された。

日露戦争後にいったん首相の座を退き、一九〇八年に再び首相となった桂や外相の小村は、前述のとおり、朝鮮半島を日本にとって安全な状態にするにはできる限り韓国に対する日本の支配を強化した方がよいと考えていた。そのような意識から支配の強化が目指されれば、行き着く先は併合である。伊藤も、韓国内の人心掌握が達成されず、義兵闘争も高揚するなかで、具体的な手順や態様はともかく韓国を併合すること自体は容認するようになった。

伊藤博文と韓国皇太子

一九〇九年七月、桂内閣は韓国併合の方針を改めて決定した。一〇月には、伊藤が韓国の独立を掲げる安重根《あんじゅうこん》にハルビンで暗殺される事件が発生する。ただ、それによって韓国併合への流れが急激に生じたわけではない。韓国併合という目標自体はすでに日本政府内で確立しており、突発的な事件如何にかかわらず、あとは列強からの合意をとりつけるのみだった。

ロシアやイギリスとの折衝をおこなったうえで一九一〇年八月、日本は韓国を併合した。

2 帝国主義外交とその担い手たち

日露戦争後の国際環境

日露戦争を経て、世界における日本の地位は上昇した。その一つの表れが、大国との大使の交換である。一九〇五年一二月にイギリス、そして一九〇六年一月にアメリカ、ドイツ、フランスで日本の公使館が大使館に昇格した。その後、イタリア、オーストリア、ロシアとの間でも大使交換の運びとなった。

国際環境も変化する。日本にとってロシアは、日露戦争後しばらくは引き続き最も警戒する対象だった。しかし一九〇七年、一九一〇年、一九一二年と協約の締結を重ね、提携関係が築かれる。

イギリスとロシア、日本とフランスの間にも協商が成立した。日本とイギリス、ロシアとフランスは以前から同盟国であり、イギリスとフランスも協商関係にある。日本・イギリス・ロシア・フランスの間で、同盟・協商関係が構築された。

一方、日米間では対立が生じ始める。移民、満州、軍事など、いくつかの要素が関わっていた。それらは当初は必ずしも深刻かつ持続的な問題ではなかったものの、根底に存在する不信や対立の関係性は、後々まで尾を引いた。

ヨーロッパでは、イギリスがドイツとの対立を深めていく。ただ日本にとってドイツは、それ以前のロシアのような脅威ではない。したがって、日英同盟の意義も変化する。日本の指導者内に、日英同盟を重視する者はいた。小村寿太郎や林董はそうであった。一九〇八年九月、第二次桂内閣の対外政策方針では、日英同盟は「帝国外交の骨髄《こつずい》」とされた。しかし基本的に、日本からすると日英同盟の軍事的な価値は乏しくなっていった。

外交上も、たとえば一九一一年に日本は関税自主権の回復を果たすが、それに関する日英間の交渉は難航した。当然のことながら、同盟国であれば外交において常に頼りになるとか利害が一致するというものではなかった。イギリスが日本と関係の深い重要な大国なのはたしかだったが、日本はその関係性にもっぱら依拠するということでなく、多角的に東アジアをめぐる外交に臨んでいくことになる。

満州をめぐる折衝

日露戦争後、一貫して日本外交の主要な焦点となったのが、満州問題である。ポーツマス条約により、日本はロシアから旅順・大連租借権および長春以南の東清《とうしん》鉄道南部支線とその関連利権を得た。ただそれは日露間で結ばれた条約であり、改めて清に、日本がロシアの満州権益を継承することを認めさせることとなる。同時に日本は、満州に関して清にさまざまな要求をおこなった。満州諸都市の開放、鉄道・炭鉱関連利権、森林伐採権、河川航行権、漁業権などである。そして一九〇五年一二月、満州に関する日清間の条約（北京条約）が結ばれた。ポーツマス条約記載のロシアから日本への権益譲渡が認められたのに加えて、日本が清に提起した諸要求のうち、清が受け入れたものもあれば、結論が不明確なままその後の解釈や力関係に委ねられたものもあった。一九〇六年一一月には、国策会社たる南満州鉄道株式会社が設立される。

北京条約は、満州をめぐる日清それぞれの権利について、意図的に、あるいは意図せずして、曖昧に規定している部分があった。また単純に、満州を舞台に日清が直接対峙するようになれば、それだけもめごとも生じやすくなる。外交上の問題は、多々発生した。

たとえば、撫順《ぶじゅん》炭鉱や煙台《えんたい》炭鉱をめぐって紛争が続いた。日本としては、それらはポーツマス条約でロシアから日本に譲渡された鉄道附属炭鉱に含まれるという立場である。ただ清側は、その主張を認めていなかった。煙台炭鉱には清の個人が有する坑区があり、そこで清政府が採掘に着手する挙動が見られると、日本側は憲兵を派遣して当該坑区を占有した。

撫順炭鉱については、清国人から還付請求がなされた。日本側も当初から、清人の権利を無視するわけにはいかないと認識していた。しかし撫順炭鉱の価値を重く見ており、全体として日本の手中に帰したとの立場は譲らない。本来はロシア人と清人の合同事業であったがロシア人に実権を握られ日露戦争中は東清鉄道の用に供されており、ポーツマス条約で日本に譲渡された、といった論を立てた。そのうえで、清人への個別補償など部分的な譲歩で対応しようとした。

関係国は、日清のみにとどまらない。新民屯《しんみんとん》・法庫門《ほうこもん》間の鉄道（法庫門鉄道）は、一九〇五年の日清間交渉で敷設しないこととされた南満州鉄道の並行線にまさに該当するというのが日本の立場だった。日本は、鉄道の建設をやめさせようとした。ただその建設を引き受けていたのは、イギリス資本だった。日本は満州について、門戸開放の方針を掲げている。日英関係との兼ね合いも考慮しなくてはならない。したがって、法庫門鉄道が南満州鉄道にどの程度実害を与えるのか、改めて検討された。そして、清側に法庫門鉄道敷設の承認を求めさせ、条件をつけたうえで許諾するのが得策と考えられた。

他方で、日清間には間島《かんとう》地方をめぐる国境問題も存在した。もともとは清と韓国の間での

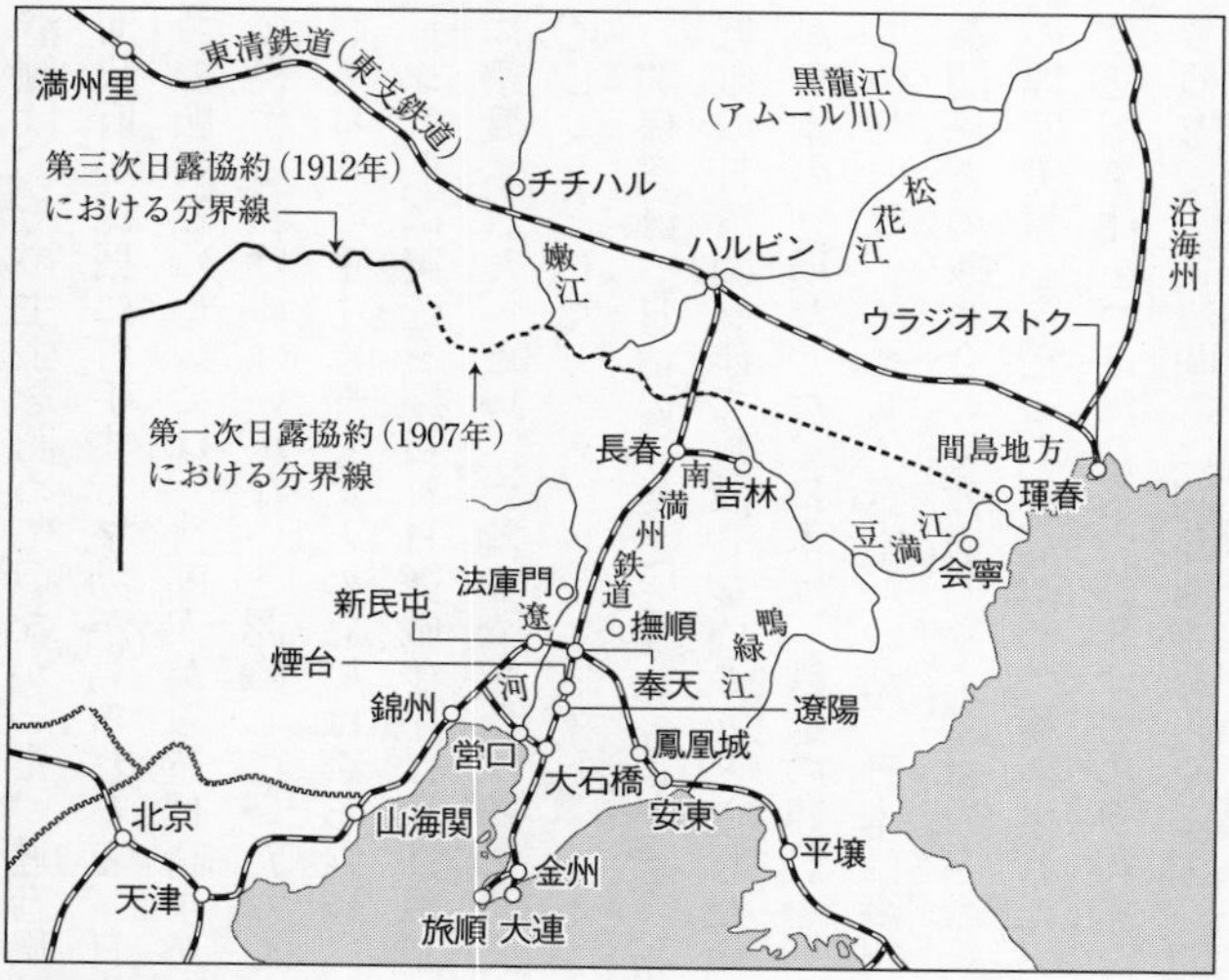

日露戦争後の満州
佐々木『帝国日本の外交 1894-1922』所収地図をもとに作成

懸案だったが、日本が韓国の外交権を掌握したことで日清間の問題となった。日本は国境線に関して清側の主張に理があると見ており、強引な行動は避けた。とはいえ、簡単に清の主張を受け入れたわけではない。決着を先送りしながら、論拠の獲得や部分的・代替的な利益の確保を図った。

一九〇九年九月、満州五案件および間島に関する日清協約が結ばれる。満州における諸懸案と清韓の国境線の問題を一括して解決したものだった。日本側の論拠が弱くかつ相手方が重視している間島問題で譲歩し、ほかの問題でなるべく日本の主張を通そうとした。ただ法庫門鉄道をめぐっては、すでにより重大な、錦州《きんしゅう》からチチハルに至る鉄道の敷設計画が持ち上がっていた。これは南満州鉄道から距離が遠く、日清間の取り決めを根拠に敷設を妨害するのは無理があり、日本も計画に参入しようとした。しかしそれがうまくいかないうちに、錦州・愛琿《あいぐん》間の鉄道に関する契約が清側と米英資本との間で調印される。そうした動きはアメリカの満州鉄道中立化提議に結びつき、第二次日露協約の契機となる。

ロシアとの間では、第一次日露協約（一九〇七年）、次いで第二次日露協約（一九一〇年）が結ばれた。日本は南満州、ロシアは北満州というかたちで勢力範囲を分割した。

近代日本の対外膨張

近代日本の対外膨張というと、一九三一年の満州事変以降の展開が想起されやすい。しかし右の満州の例からもわかるように、日本はそれ以前も、対外膨張を続けていた。下関条約で台湾・澎湖諸島を獲得したのを皮切りに、日露戦争を経て南樺太や南満州権益を獲得し、韓国を併合するなどした。

その対外膨張というのは、直感的に思い浮かぶような割譲、併合、保護国化、植民地の獲得といったことばかりではない。特に中国に関しては、利権・権益を得る、勢力範囲を設定する、拡充するといった形態もあった。

利権・権益は、鉄道敷設権や鉱山採掘権、森林伐採権、河川航行権、漁業権、優先的投資権、各種経営権、合同事業の実施などがある。

勢力範囲は広義には、何らかの根拠があって優越的な地位を築いている地域である。「根拠」は、租借地を有しているとか、重大な諸権益を得ているとか、中国に他国への不割譲を認めさせているとか、列強間で相互承認をしているとか、さまざまなパターンがあった。

またたとえば、第一次日露協約と第二次日露協約は、どちらも同じ線を日露の勢力範囲の境界線としている。しかし、合意内容が異なる。第一次協約は互いに妨害しないというものだったのに対し、第二次協約はその地域内で利益を守るために必要な措置をとることを認めていた。つまり、勢力範囲としての性質が強化されたのである。勢力範囲は根拠も性質も多様だった。

帝国主義外交の規範意識

列強の中国への進出がさまざまな形態や段階をもっておこなわれた背景には、列強間の相互牽制があった。時代は、帝国主義である。帝国主義は対外膨張や異民族による支配、植民地化を特徴とし、それらに際して軍事力が直接・間接に用いられた。ただ、支配する側／される側、侵略する側／される側という垂直方向の関係性と同時に、帝国同士の水平方向の関係性も存在した。

中国は日本を含む諸列強にとって関心の的であり、各強国は突出した行動はとりにくかった。何の口実もなく軍隊を中国に派遣してある地域を占領するなどというのは、仮に中国の反発は軍事的に抑え込めたとしても、ほかの列強が許容しない。外交上の主張や行動には、正当性が必要とされた。列強は互いに牽制し、警戒し、協調しながら、他国が認めるかたちで勢力を伸ばした。

日本は、そうした水平方向の帝国主義外交の規範を強く意識していた。後発・新興の帝国で、しかも非西洋諸国だったからという面はある。ほかの列強からどう見られるか、ほかの列強がどう反応するかといったことを、日本は注意深く見ていた。ただ、それだけではない。後述のとおり、日本の外交担当者たちにおいて正当性や公平性への志向は内面化し、深く染みついていた。

重視されていたのは、大国間で認められる正当性や公平性である。倫理的な正しさではない。従属下に置かれる側、侵略される側のことは考慮されていなかった。たとえば韓国併合をおこなうに当たって日本が注意を払い、最後まで交渉を重ねたのは、イギリスやロシアである。諸列強に認められれば円滑に韓国を併合できるという考えであり、韓国（人）の意向に重きは置かれていなかった。あるいは、中国分割の流れのなかで日本は西・ローゼン協定を結んだ。ロシアが清から旅順・大連を租借したのとつり合いをとるように、朝鮮での日本の商工業上の優越をロシアに認めさせた。日本の外交担当者からすれば、公平で正当な外交だった。ロシアが満州に進出するならばそれに見合うかたちで日本は朝鮮に進出する、朝鮮で何かを得る、ということである。しかし、諸列強が公平に利権を得たり勢力を拡張したりするというのは、従属下に置かれる側からすればまったく公平でも正当でもなかった。

有力外交官

以上のような帝国主義外交の規範意識をもって日本外交を中心的に担っていたのは、外相や外相候補の有力外交官たちである。一八八九年末に青木周蔵が外務大臣に就任して以降、日本は基本的に、外務次官かイギリス・アメリカ・ロシアでの公使・大使を経験した人物が外務大臣となった。後掲の表に掲げたように、青木外相期から第一次世界大戦の休戦協定が結ばれる一九一八年までの期間において、一時的な兼任や臨時代理を除き、外務大臣を務めた人物は一三人いる（青木、榎本武揚、陸奥宗光、大隈重信、西徳二郎、加藤高明、小村寿太郎、林董、内田康哉《やすや》《こうさい》、牧野伸顕《のぶあき》、石井菊次郎、本野一郎《もとのいちろう》、後藤新平《しんぺい》）。このうち、右記の要件に当てはまらないのは、一八八〇年代に外相経験のある大隈を除けば、牧野と後藤の二人のみである（榎本は一八七〇年代から八〇年代前半にロシアや清で公使）。しかも、牧野は英米露ではないがイタリアやオーストリアで公使を長年経験している。外交官以外のバックグラウンドを持つ人物が外務大臣となるのは、きわめて稀だった。一八九五～九六年に臨時代理や兼任で計一年以上にわたり外務大臣を務めた西園寺公望も、それ以前にオーストリアやドイツの公使を務めている。

さらに、青木、西、加藤、小村、内田、石井は、外相退任後にも各国公使・大使となった。つまり、外務大臣、次官、主要国に派遣される公使・大使はほぼ同じ集団から輩出され、かつしばしば人材は循環していた。外務大臣、次官、イギリス・アメリカ・ロシア・フランス・ドイツ・イタリア・オーストリア・中国（清、中華民国）の公使・大使のうち複数のポストを経験した人物を有力外交官とすると、その集団には、すでに挙げた人物のほかに、栗《くり》野《の》慎一郎《しんいちろう》、高平小五郎《たかひらこごろう》、珍田捨巳《ちんだすてみ》、林権助《ごんすけ》、井上勝之助《かつのすけ》、伊集院彦吉《いじゅういんひこきち》、（佐藤愛麿《あいまろ》）松井慶四郎《けいしろう》が含まれる。そして次にそこに加わるのが、外務次官を経て一九一九年に駐米大使となった、幣原喜重郎である。幣原の外交観は日本の外交担当者の標準的なものであったと第1章末で述べたが、キャリアの点から見ても、幣原は伝統的な日本外交の嫡流だった。伊集院・松井・幣原はその後、一九二〇年代に外務大臣に就任する。

内閣制度が首相を中心とするかたちで運用されるようになった一八九〇年代から、軍の力が拡大していく前の一九二〇年代にかけて、日本外交は基本的に以下のように運営されてい

米・露・仏・独・伊・墺・清公使／大使[i]

露	仏	独	伊	墺[iii]	清
西徳二郎	田中不二麿	西園寺公望	徳川篤敬	戸田氏共	大鳥圭介
林董	野村靖	青木周蔵		渡辺洪基	
小村寿太郎	曾禰荒助	井上勝之助	中島信行		林董
珍田捨巳	栗野慎一郎		高平小五郎	高平小五郎	矢野文雄
栗野慎一郎	本野一郎			牧野伸顕	西徳二郎
			栗野慎一郎		小村寿太郎
			牧野伸顕		内田康哉
			大山綱介		

首相、外相、外務次官、駐英・

<table>
<tr><th>年</th><th>首相</th><th>外相</th><th>外務次官[ii]</th><th>英</th><th>米</th></tr>
<tr><td>1889</td><td>黒田清隆</td><td>大隈重信</td><td>青木周蔵</td><td rowspan="7">河瀬真孝</td><td>陸奥宗光</td></tr>
<tr><td>90</td><td rowspan="2">山県有朋</td><td rowspan="2">青木周蔵</td><td rowspan="2">岡部長職</td><td></td></tr>
<tr><td rowspan="2">91</td><td rowspan="6">建野郷三</td></tr>
<tr><td rowspan="2">松方正義</td><td rowspan="2">榎本武揚</td><td rowspan="7">林董</td></tr>
<tr><td rowspan="2">92</td></tr>
<tr><td rowspan="7">伊藤博文</td><td rowspan="5">陸奥宗光</td></tr>
<tr><td>93</td></tr>
<tr><td rowspan="2">94</td><td rowspan="2">青木周蔵</td></tr>
<tr><td rowspan="4">栗野慎一郎</td></tr>
<tr><td rowspan="2">95</td><td rowspan="12">加藤高明</td></tr>
<tr><td rowspan="2">(西園寺公望)</td><td rowspan="2">原敬</td></tr>
<tr><td rowspan="2">96</td></tr>
<tr><td rowspan="3">松方正義</td><td rowspan="2">大隈重信</td><td rowspan="4">小村寿太郎</td><td rowspan="5">星亨</td></tr>
<tr><td rowspan="2">97</td></tr>
<tr><td rowspan="2">西徳二郎</td></tr>
<tr><td rowspan="3">98</td><td>伊藤博文</td></tr>
<tr><td>大隈重信</td><td>大隈重信</td><td>鳩山和夫</td></tr>
<tr><td rowspan="5">山県有朋</td><td rowspan="5">青木周蔵</td><td rowspan="2">都筑馨六</td><td rowspan="4">小村寿太郎</td></tr>
<tr><td rowspan="2">99</td></tr>
<tr><td rowspan="2">高平小五郎</td></tr>
<tr><td rowspan="3">1900</td></tr>
<tr><td>浅田徳則</td><td rowspan="7">林董</td><td rowspan="7">高平小五郎</td></tr>
<tr><td rowspan="2">伊藤博文</td><td rowspan="2">加藤高明</td><td rowspan="2">内田康哉</td></tr>
<tr><td rowspan="2">01</td></tr>
<tr><td rowspan="4">桂太郎</td><td rowspan="4">小村寿太郎</td><td rowspan="4">珍田捨巳</td></tr>
<tr><td>02</td></tr>
<tr><td>03</td></tr>
<tr><td>04</td></tr>
</table>

露	仏	独	伊	墺	清
	本野一郎	井上勝之助	大山綱介	牧野伸顕	内田康哉
本野一郎	栗野慎一郎	珍田捨巳	高平小五郎		林権助
内田康哉	石井菊次郎	杉村虎一	林権助	内田康哉	伊集院彦吉
	松井慶四郎		伊集院彦吉	秋月左都夫	山座円次郎
					日置益
					林権助

斜線の欄は、臨時代理公使／大使。実際には臨時代理公使／大使の例はほかにも多々あるが、表を単純化するため、前任公使／大使が他職に就任している場合や職を免じられている場合など、限定的に記載した。灰色の欄は、戦争などに伴う公使館／大使館引きあげ。

ii 1900年5月から1903年12月までの名称は総務長官。『日本官僚制総合事典』では1906年6月から1907年2月まで内田康哉が外務次官とされているが、そのほかの史料から総合的に判断し、本表では珍田捨巳が継続して次官だったものとしている。

iii 1914年、大使館引きあげの直前に佐藤愛麿が大使に任じられているが、実質的な活動期間がないため表中に含めていない。

<table>
<tr><th>年</th><th>首相</th><th>外相</th><th>外務次官</th><th>英</th><th>米</th></tr>
<tr><td>05</td><td>桂太郎</td><td>小村寿太郎</td><td rowspan="5">珍田捨巳</td><td rowspan="2">林董</td><td>高平小五郎</td></tr>
<tr><td rowspan="2">06</td><td rowspan="4">西園寺公望</td><td>加藤高明</td><td rowspan="3">青木周蔵</td></tr>
<tr><td rowspan="3">林董</td><td rowspan="3">小村寿太郎</td></tr>
<tr><td>07</td></tr>
<tr><td rowspan="2">08</td><td rowspan="3">高平小五郎</td></tr>
<tr><td rowspan="4">桂太郎</td><td rowspan="4">小村寿太郎</td><td rowspan="6">石井菊次郎</td><td rowspan="7">加藤高明</td></tr>
<tr><td>09</td></tr>
<tr><td>10</td><td rowspan="2">内田康哉</td></tr>
<tr><td rowspan="2">11</td></tr>
<tr><td rowspan="3">西園寺公望</td><td rowspan="3">内田康哉</td><td rowspan="10">珍田捨巳</td></tr>
<tr><td rowspan="2">12</td></tr>
<tr><td rowspan="2">倉知鉄吉</td></tr>
<tr><td rowspan="2">13</td><td>桂太郎</td><td>加藤高明</td><td rowspan="7">井上勝之助</td></tr>
<tr><td rowspan="2">山本権兵衛</td><td rowspan="2">牧野伸顕</td><td rowspan="4">松井慶四郎</td></tr>
<tr><td rowspan="2">14</td></tr>
<tr><td rowspan="4">大隈重信</td><td rowspan="2">加藤高明</td></tr>
<tr><td rowspan="2">15</td></tr>
<tr><td rowspan="2">石井菊次郎</td><td rowspan="7">幣原喜重郎</td></tr>
<tr><td rowspan="2">16</td></tr>
<tr><td rowspan="4">寺内正毅</td><td rowspan="3">本野一郎</td><td rowspan="5">珍田捨巳</td><td rowspan="3">佐藤愛麿</td></tr>
<tr><td>17</td></tr>
<tr><td rowspan="3">18</td></tr>
<tr><td>後藤新平</td><td rowspan="2">石井菊次郎</td></tr>
<tr><td>原敬</td><td>内田康哉</td></tr>
</table>

i 秦郁彦編『日本官僚制総合事典 1868-2000』（東京大学出版会、2001 年）、同編『日本近現代人物履歴事典』（第 2 版、東京大学出版会、2013 年）、「各国駐剳帝国公使任免雑件」、「各国駐剳帝国大使任免雑件」（いずれも外務省外交史料館所蔵）、『官報』などを参照して作成。表作成の都合上、12 月就任の場合に翌年の欄に記載するなど、適宜補正や単純化をおこなっている。

一時的な兼任や臨時代理は除く（1895・96 年の西園寺外相は参考のため記載した）。1894 年の青木駐独・英公使や 1898 年の大隈首・外相は中継ぎ的性格の兼任ではないため表中に含めた。

た。外務大臣は、外交を主管する。外務省職員や外交官は、対外政策を立案・実行し、日常的な外交業務をおこなう。首相を中心とする内閣は、外交上の重要事項などを決定する。

したがって、外相および外相候補の有力外交官たちは、日本外交の中心的な役割を果たしていた。もちろん首相も、外交における重要なアクターである。ただ有力外交官たちは集団として、より全面的に外交に関与していた。意思決定の段階だけでなく、立案や実践も担っていた。

有力外交官たちは、それぞれ個性の違いがある。個々の問題についての意見がいつも一致していたわけでもない。世代も異なる。外務省の体制も、時期によって変化している。

それでも総じて、利益や正当性、公平性に対する共通の感覚を持っていた。すなわち彼らは、日本の利益を確保しようとした。追い求められていたのは、領土、利権、経済的利得、将来的な主張の根拠など、いずれも含む観念としての利益である。それは長期的・大局的に見たときに本当に国家にとっての利益になっていたとは限らない。領土や利権の獲得に伴う将来的な負担の問題などは、看過されがちだった。多くの場合、目の前の利益を得ること、最低限、損はしないことが心がけられた。

ただ利益は、そのように獲得目標でありしばしば他国と争ってでも手に入れようとするものであると同時に、国際政治における緩衝材でもあった。双方の利益を見出し、分け合うことで妥協が成立するのである。利益が持つそうした性質も、外交官たちは念頭に置いていた。同時に、何かを主張する際には論拠が必要であるとか、自国が過去におこなった言明には拘束される、自国が受け入れられないようなことを相手方に認めさせることはできない、といった考えを強く持っていた。無論、外交交渉の場で自国の正当性を主張するのは当然である。特筆すべきことではない。ただ日本の場合、外務省内や政府内の政策決定過程の段階で、論拠、正当性、現在までの経緯といったことに向けられる意識が強いのである。同時代のほかの大国と比べても、その傾向は顕著だったように思われる。

彼らの思考・行動様式は、外交官としての経験のなかで培われた。条約改正のところでも記したとおり、彼らの実感からすれば、外交の世界は不公正に満ちてはいなかった。当然、不本意な結果になることもあった。しかし、日本の要求が通ることも成功を収めることも多々あった。大国間の規範意識や相場観には注意が払われたが、それはやむなく屈していたということではない。既存の国際秩序のなかで日本は十分に発展していくことができると考えられていた。

小村寿太郎と林董

そうした帝国主義時代の日本外交を代表する人物が、小村寿太郎と林董である。ともに次官や主要国の公使・大使を幅広く経験し、日露戦争後、数年ずつ外務大臣を務めた。

小村は一八五五（安政二）年、飫肥《おび》の下級武士の家に生まれた。全国から人材を集めた大学南校に進み、文部省留学生としてハーバード大学に留学した。司法省に入省し、やがて外務省に転じる。日清開戦時の駐清臨時代理公使としての働きが評価されて登用され、政務局長、閔妃殺害事件後の駐朝鮮公使を経て、次官になる。そしてアメリカ・ロシア・清で公使を務め、一九〇一年、第一次桂内閣で外務大臣に就任した。桂内閣退陣後は駐英大使に転じ、一九〇八年、第二次桂内閣で再び外務大臣となった。

小村寿太郎（1855～1911）

林は一八五〇（嘉永三）年、佐倉の医者の家に生まれ、後に幕府御殿医の養子となる。幕府の留学生としてイギリスに渡り、明治維新後には岩倉使節団に参加している。政府内のさまざまな職を経験した末、一八九一年、外務次官となった。日清戦争後は駐清公使に転じ、遼東還付条約や日清通商航海条約の締結に当たる。さらに駐露公使から駐英公使となり、そこで日英同盟を結んだ。前述のとおり、一九〇五年一二月に在英公使館が大使館に昇格しており、そのとき大使となったのが林である。一九〇六年、第一次西園寺内閣で、早々に辞任した加藤高明に代わって外務大臣に就任した。

小村と林の外交は、タイプがやや異なった。総じて、小村外相時代の方が積極的であり、林外相時代は慎重だった。それは本人たちの個性に由来するところがあるのと同時に、桂内閣と西園寺内閣という内閣の、あるいは首相の傾向の違いも反映していた。

とはいえ、小村も林も、右記のような利益や正当性、公平性に対する有力外交官たち共通の感覚を強く持っていた。そしてそれに立脚して、たとえば満州で権益を確保しようとした。林外相期になされた検討や対清折衝の蓄積の上に、一九〇九年、小村外相期に清韓の国境問題との一括処理というかたちで満州諸案件はひとまず解決された。

林董（1850〜1913）

一九〇七年の第一次日露協約をめぐっては、当時駐英大使の小村は他国に与える印象などを考慮し、日露で満州を分割するような協定には反対だった。ただ西園寺内閣・林外相は、勢力範囲の画定をおこなった。ロシアとの紛争回避を重視した、抑制的な意図である。そのうえで一九一〇年、桂内閣・小村外相期に結ばれた第二次日露協約で、南北満州の勢力範囲としての性質はより強化された。アメリカが満州進出の動きを見せており、それを日本は、日露が多少強硬に権益の確保を図っても英仏に対して正当性を主張できる契機であるとみなした。以前の取り決めや言明、何らかの根拠を土台として、そこから少しずつさらに権益や立場を強化していこうとする日本外交の定型が、よく表れている。

韓国併合により積極的だったのは、桂・小村である。ただ、西園寺内閣・林外相期に結ばれた第一次日露協約で、日韓間に存在する関係およびその爾後の発展をロシア側に認めさせた。それは、韓国統監の伊藤博文や駐露公使の本野一郎が求めていたような、韓国併合まで含めてロシア側の了解をとることに比べると、慎重な対応だった。しかしいずれにせよ、ロシアとの紛争回避を図りロシアの韓国への関与を遮断するというのは、日本の韓国支配の強化につながった。日本の支配が明確に内政面にまで及んだ第三次日韓協約も、ハーグ密使事件という突発的なできごとが原因とはいえ、西園寺内閣期に結ばれている。そして最終的に、桂内閣期の一九一〇年に韓国併合がなされた。

その後の日本外交——引き継がれたもの、変化したもの

一八九〇年代前半まで、日本外交の焦点は、西洋諸国との条約改正と、対清・朝鮮関係だった。それが日清戦争を経て、西洋諸国とより多面的に直接対峙するようになる。また対外膨張に道が開かれた。そうしたなかでまず日本外交の方向性を定めたのは、陸奥宗光と西徳

二郎だった。非同盟・日露協商路線である。小村と林も、当時から外交の第一線に立っていた。そして日露戦争後まで、日本外交を牽引した。小村が亡くなるのは一九一一年、林は一九一三年である。

小村・林両外相期の外交は、その後の日本外交と連続性も非連続性もある。連続性は、なんといっても満州へのこだわりである。日露戦争後、満州をめぐる諸問題は日本外交における最大級の課題であり続けた。一九〇九年に満州五案件および間島に関する日清協約が結ばれたとはいえ、租借や南満州鉄道の年限の問題などがさらに残っている。満州問題が懸案でなくなることはなかった。

一九〇八年九月、第二次桂内閣は対外政策の全般的方針について閣議決定をおこなっている。そこでは、清に関する「優勢なる地位」や満州における「特種（殊）の地位」を占めることが政府方針として確認された。そうした方針はその後の内閣に継承され、日本の対外政策を規定していくことになる。

他方で、外交のあり方は大きく変わった。小村や林の時代の外交は、基本的に大国間外交である。大国が中心となって形成する秩序を受け入れ、そのなかで発展していこうとするのが、日本外交の常道だった。しかし次章で見るように、一九一〇年代には中国が動乱状態となり、一方、ヨーロッパ大国は第一次世界大戦を全力で戦うこととなる。そこで日本は何度か、突出した対外膨張策に傾いた。そして大戦後には、大国間の論理や関係性が世界の基軸となるという前提が、変化する。

また、小村や林が展開した大国間外交は、おおむねプロの領域で完結する外交でもあった。特に小村の外交は、桂首相の内閣・政府を率いる能力にかなりの程度支えられていた。ところが、有力外交官たちが担うそうしたプロの外交の自律性は、一九二〇年代から三〇年代にかけて、世論との関係においても、閣内・政府内の統合という観点においても、ゆらいでいく。

第4章　動乱の一九一〇年代

1　辛亥革命と第一次世界大戦

一九一〇年代という時代

一九一〇年代は、中国とヨーロッパがともに動乱状態となり、それが日本外交にも大きな影響を与えた。まずは全体像を見ておきたい。

中国では、辛亥《しんがい》革命が起こって中華民国が成立し、清朝が倒れた。袁世凱《えんせいがい》が中華民国の臨時大総統から大総統、さらには皇帝となる。ただ抵抗も相次ぎ、しかも袁世凱はじきに亡くなる。北京の政府と南方の勢力との間でも、北方諸勢力内でも、対立が続いた。

同じ時期に、第一次世界大戦が起きている。空前の大戦争である。開戦後、イギリス・フランス・ロシアなど（＝連合国）とドイツ・オーストリア・オスマン帝国（＝同盟国）の争いとなり、さらに同盟国にはブルガリア、連合国にはイタリア、アメリカなどが加わっていく。ヨーロッパ列強は、その戦争を全力で戦っていた。

日本は一応、連合国の側に立って大戦に参加していたが、半ば傍観者的な立場である。国の存立が脅かされるような戦争ではなく、国力も疲弊しない。むしろ経済的には大戦景気となり、債務国から債権国に転じた（本書では詳述しないが、第一次世界大戦期以降の日本外交において経済の要素は従前以上に重要な位置を占める）。

右記のとおり、隣国の中国は動乱状態で不安定だった。つけ込もうとする動きは日本の諸勢力内に、常に存在した。日本政府がいつもそれに引きずられたわけではないが、誘惑や圧力はあった。

しかも、力の空白が生じている。もともと諸列強は、互いに牽制しながら中国に進出していた。ところが、大戦争を遂行している最中のヨーロッパ諸国は中国方面に注意や国力を振り向けることができない。日本は、突出した行動をとろうと思えばとることができる状況だった。そこでしばしば、標準的な帝国主義外交から逸脱した、突出した対外膨張政策に足を踏み入れることとなる。

辛亥革命と日本

一九一一年一〇月、清で武昌《ぶしょう》蜂起が発生し、辛亥革命が始まった。日本はそのとき第二次西園寺公望内閣で、外務大臣は内田康哉である。西園寺内閣の外交は総じて慎重ないし抑制的であり、辛亥革命への対応もそのようになった。早期の内乱終息を予想しながら様子見をしていた。

　ところが西園寺内閣の予想は外れ、一時的な反乱に終わりそうにないことが明らかになってくる。一九一二年一月、南京で中華民国の成立が宣言される。孫文《そんぶん》が臨時大総統である。そして二月、清の宣統帝《せんとうてい》が退位し清朝は滅亡した。まもなく袁世凱が臨時大総統となり、国内に対立を抱えながら北京で政権運営をおこなった。

西園寺公望（1849～1940）

　隣国で動乱が続くとなったとき、それに乗じようとする動きが生じる。陸軍では満州への大兵派遣などさまざまな出兵計画が存在し、西園寺内閣に圧力をかけていた。大陸浪人らを中心とする満蒙《まんもう》独立工作もあった。

　しかし西園寺内閣は、動乱に積極的に乗じて日本の勢力伸長を図ろうとはしなかった。一九一二年七月、ロシアとの間で第三次日露協約が結ばれる。満州に関する既存の南北分界線を西方に延長し、東西内蒙古における特殊利益を互いに承認したもので、基本的には抑制的な紛争回避型の勢力範囲画定である。満蒙分割を見すえたより積極的な協定を結ぶという案を、西園寺内閣は採用しなかった。満州への出兵にも消極的だった。山県有朋や桂太郎は内閣の姿勢を批判していたが、内閣の決定を経なければ出兵は実行されない。満蒙独立工作も本格化することなく終わった。

ただ、第三次日露協約の結果、南満州と東部内蒙古が日本の勢力範囲ということになった。日本が進出先と位置づけ、関わろうとする範囲が拡大したのである。ある時点において抑制的な性格を持った政策が後により強硬な主張や政策につながるというのは、帝国日本の拡大のよくあるパターンだった。

満州権益をめぐる問題

日本は日露戦争以来、南満州を自らの勢力範囲と位置づけ、固守しようとしていた。しかし、日露間で勢力範囲を分け合う合意が成立しているとはいえ、満州は清の領土である。そして、日本は清との間でも満州をめぐって交渉を重ね、いくつかの取り決めが結ばれていたものの、確実な権益を十分に有していたわけではなかった。

しかも、日本が満州に勢力を伸ばそうとする際の根幹となる関東州租借地（旅順・大連）

や南満州鉄道は、年限が定められていた。租借に関しては、一九二三年である。ロシアが清から租借地を得たのが中国分割時の一八九八年で、そのときに二五年という年限が設定されていた。年限は半自動的に延長することができるという考え方もあり、また日本側は租借地を返還するつもりは毛頭なかったが、ともかくも規定上は年限が迫っていた。その問題は、日本政府内で強く意識されていた。

したがって、第三次日露協約に至るロシアとの交渉や、中国の新政府を承認する過程において、満州権益を強化しようとする考えも見られた。しかし西園寺内閣は結局、積極的に満州権益の強化を図ろうとはしなかった。ここで強硬な対応をとらずともよりよい機会があるのではないかと考えたのである。

その数年後、たしかに機会はやってきた。ただ満州権益強化をめぐる交渉は、大いに紛糾することになる。

第一次世界大戦参戦と対華二一か条要求

一九一四年七月末、ヨーロッパで第一次世界大戦が始まる。日本は八月にドイツに宣戦布告し、イギリスやフランス、ロシアの連合国の側に立って参戦した。当時の日本は第二次大隈重信内閣で、外務大臣は加藤高明である。参戦は、加藤外相が主導した。

加藤が意識していたのは、右記の、満州権益をめぐる問題である。ドイツが租借地を有する山東《さんとう》地方を日本が攻略し、それを中国（中華民国）に還付することを交渉材料として、見返りを得ようとしていた。見返りは、まずは満州ないし満蒙の権益強化が念頭にあった。

加藤高明（1860～1926）

八月初旬、イギリスから日本に参戦の要請があった。より正確には、要請らしきものである。イギリスの姿勢は必ずしも明確ではない。イギリスは、日本が便乗して勢力を拡大することへの懸念と、戦争遂行に際して日本の助力を得た方が都合がよいという観点との間でゆれていた。

一方、加藤は、日英同盟協約の規定に基づきイギリス政府から要請を受けて参戦するというのが、当初からの構想だった。そこでイギリス側が支援を求めてきた機会をつかまえて、そのような外形をつくり出そうとした。日英間で駆け引きがなされた末、日本は、日英同盟協約が予期する全般の利益を防護するという名目で参戦した。

一一月にイギリス軍とともに山東地方を攻略した日本は、翌一九一五年一月、山東や南満州・東部内蒙古に関するものに加えてさまざまな内容を含む要求を中国側に提出した。いわゆる対華二一か条要求である。

それに対して中国側は遷延戦術をとり、抵抗し、交渉は難航した。途中で列国に秘匿されていた要求内容が明らかになるということもあった。日本は中国に軍事的な圧力をかけ、最終的には最後通牒《つうちょう》をつきつけて屈服させた。五月、山東省に関する条約や南満州および東部内蒙古に関する条約が結ばれる。日本は山東のドイツ権益の処分権などを獲得し、条件つきで膠州湾租借地の還付を約束し、旅順・大連の租借や南満州鉄道に関する期限は九九年に延長された。

成立した取り決め自体は、日本の感覚からすれば、特に過大な内容を中国側に受け入れさせたということではない。機会を捉えて主張の根拠をつくり、交渉で利益を得ようとするのも、標準的な手法だった。

ところが二一か条要求は後年まで中国やアメリカから非難され、日本の不当な中国への進出を象徴するものと位置づけられた。その背景には、後述するような、第一次世界大戦を経て生じた国際的な規範の変容や中国・アメリカの立場の変化もあった。ただそれとともに、二一か条要求には粗雑さがあった。過大な要求を提示し、うまく立ち回れなくなってしまったのである。当初案でより多くを要求しておくというのは、交渉の常套《じょうとう》手段ではある。しかしだからといって根拠に乏しい要求をしては、取引材料として機能せず、交渉相手や周囲との関係も損ねるかもしれない。日本の外交担当者たちは従来、対中交渉においてそうした正当化の算段により注意を払っていた。ヨーロッパの大国が第一次世界大戦にかかりきりになっているという状況が、このときの日本の慎重さを欠いた行動につながったものと考えられる。

その後の対中政策――長引く大戦のなかで

世界大戦が長引くなか、日本は中国に関して独自の強硬な政策をとるようになっていく。大隈内閣は一九一五年八月の内閣改造後、対外政策をめぐって諸勢力の構想が混在するようになった（外務大臣は、加藤に代わって石井菊次郎が一〇月に就任）。

一一月、英仏露から日本に、大戦への中国の参戦に関する申し出があった。しかし日本は、中国と独墺《おう》との国交断絶には賛同できないと返答した。中国の平和静謐《せいひつ》の保持が日本の根本方針であるというのが一応の名目だったが、本心ではない。大隈内閣は、独占的に中国に関与しようとしていたのである。

同じころ、中国では袁世凱による帝制実施の話が持ち上がっていた。それに対し大隈内閣内で反対論が唱えられ、日本は列国に呼びかけて共同で帝制実施の延期を勧告した。ただ結局、一二月に袁世凱は皇帝即位を発表し、中国内で反発が生じて武装蜂起も発生する（第三革命）。

そこで一九一六年三月、大隈内閣は、袁世凱の排斥活動やその支援を黙認する方針を決定した（反袁政策、排袁政策）。辛亥革命のころから陸軍などで繰り返し構想され、しかし政府方針としては採用されてこなかった、謀略的な対外膨張策が認められたのである。その結果、中国各地の勢力に対する日本人の支援がさまざまなかたちでおこなわれた。満蒙独立運動にも、辛亥革命時に比して明確に参謀本部が関与した。

六月に袁世凱が亡くなり、次いで日本でも内閣が交代したことで、日本の対中政策は転換する。一〇月に成立した寺内正毅内閣は、少なくとも当初は列国との協調に配慮し、突出した対外膨張策は控えようとした。中国内政上の紛争への不干渉も方針としていた。ただ同時に、中国に対する指導啓発や優越的地位の確保も目指していた。もともと日本政府は満州や中国への進出意欲を持っており、しかも、世界大戦という好機に乗じて中国における勢力を拡張したいという考えもあった。相互に矛盾する部分のあるそれらの志向のうち主にどの要素が表面化するかは、状況によって異なった。

袁世凱（1859〜1916）

一九一七年、寺内内閣は、中国の対独国交断絶、そして大戦参戦に賛同した。外務大臣の本野一郎は外相就任

寺内正毅（1852～1919）

以前の駐露大使のときから、大戦に関して日本は連合国に協力し、戦後の発言権や利益を得るのがよいと考えていた。

寺内内閣はさらに、中国の段祺瑞《だんきずい》政権に対する援助に乗り出す。基本的には、中国内の政争に乗じ特定の勢力を支援して重大な見返りを得ようとする試みではない。政争からは距離をとりつつ、列国協調を乱さない範囲で現政権との関係を強化しようとした（袁世凱の死後、情勢は流動的だったが、このとき北方政府内で段祺瑞が実権を握ったかたちになっていた）。

しかし結局中国では、北方政府内での争いも南北対立も続いた。そうしたなかで一九一八年、後述のロシア情勢との関連で対中提携が必要ということになり、日中軍事協定が結ばれる。そして寺内内閣は、段政権との間で特別な関係を築く方向に傾斜していく。ちょうど、外務大臣は本野から後藤新平に代わった。非外交官出身の人物が外務大臣になった、例外的な状況である。巨額の借款（西原《にしはら》借款）を中心とする援段政策が、全面的に展開された。借款額は、総計で一億円を超える。日本の年間国家予算規模が一〇億円程度のなかである。巨額の資金提供は往々にして、経済的に従属下に置こうとする意図を伴う。日本は突出した対外膨張策に踏み込みつつあった。

ただしそこで日本では内閣が交代し、世界大戦も終わる。

シベリア出兵

一九一七年、連合国主力の一角であるロシアで革命が発生し、ロシアは大戦から離脱することになる。ドイツと西方で戦うイギリスとフランスは一二月、ロシア革命への対応として日米にシベリアへの派兵を求め始めた。

日本側でそれに進んで応じようとしたのが、陸軍と並び、外務大臣の本野一郎である。前述のとおり本野は、大戦後の利益や発言権につなげようと、それ以前から連合国への協力に積極的だった。ただその時点では、指導者内で派兵の合意は形成されなかった。アメリカが賛同していないことが大きな障害となっていた。アメリカは出兵にあまり乗り気でなかったうえ、日本がそれを口実に満州やシベリア方面で勢力を伸ばすことを警戒していた。本野はアメリカの同意をとりつけ派兵を実現しようと立ち回ったが、指導者内で孤立し、一九一八年四月に外相を辞する。後

本野一郎（1862〜1918）

任には後藤新平が就任した。

その後も引き続き、アメリカの同意が日本のシベリアへの派兵の前提条件となるなか、七月にアメリカが共同出兵を持ちかけてくる。チェコ軍救済を目的とする、日米七〇〇〇人ずつの派兵提案である。日本側はそれを機に、より大規模な派兵にこぎつけようとした。このときは寺内首相・後藤外相・陸軍の考えが一致しており、前年に設置された外交調査会（臨時外交調査委員会）において慎重論を唱える立憲政友会総裁の原敬や元外相・牧野伸顕の説得が図られた。そしてさしあたり日本はウラジオストクに一万二〇〇〇人を超えない兵力を送るということで日米の折り合いもつき、日米軍を主力とする連合国軍の出兵が決まる。

もっとも、寺内内閣は別途シベリア方面に同規模の兵力を派出する考えであり、アメリカ側にもそうした意向を伝えていた。しかも日本国内で米騒動が激化し、寺内の体調の問題もあり、寺内内閣は政権末期の様相となった。その結果、内閣が軍の統制と国内外の合意形成に十分に取り組まなくなり、シベリアおよび北満州に展開する日本の兵力はさらに膨れあがった。九月に成立した原内閣は、第一次世界大戦が終わり出兵の名目もなくなるなか、いかにして兵を引きあげるかという課題と向き合うことになる。

2　パリ講和会議――新旧秩序のはざま

原敬内閣

大きくさかのぼると、第1章で触れたとおり、一八八五年に内閣制度が導入された。そして憲法が制定され、帝国議会が開設される。そこで当初、明治政府の指導者たちは超然主義で政治を運営しようとした。つまり、政党勢力の意向にとらわれず、自分たちが正しいと考える政治をおこなおうとした。明治政府の指導者たちからすると、政党は一部の利害や意見を代表しているにすぎず、国家全体のことを考えているのは自分たちだった。

ところがすぐに、超然主義は無理であることがわかる。予算や法律は議会で定めるが、衆議院で多数を占めていたのは反政府系である。したがって、政府は順調な政治運営ができなかった。特定の内閣と政党が提携するといった対応もとられたが、やがて一九〇〇年、政党に比較的理解のあった指導者・伊藤博文が政党を組織する。立憲政友会である。その後、官僚・軍・貴族院などをおさえる桂太郎と、伊藤から政友会総裁を引き継いだ西園寺公望が交互に首相となる。

そして一九一四年、第三代の政友会総裁となったのが原敬である。原は陸奥宗光のもとで農商務省および外務省で頭角を現し、政友会には創設時点から参加し、実力者となっていった。

一九一八年九月、原内閣が成立する。首相推薦の任を担う元老の最有力者である山県有朋は政党に強い警戒心を持っていたが、最終的に原内閣の成立を受け入れた。原内閣は、首相が衆議院議員で政党の党首であり、陸軍・海軍・外務以外の大臣は政党員だった。日本初の本格的な政党内閣とされている。日本政治史上、画期的な内閣だったのはたしかである。

ただ原は、政治のあり方や各政治勢力の関係性を急激に変えようとするタイプではなかった。政党の力を伸ばすことも、軍に対するコントロールも、少しずつ、慎重に取り組むことが多かった。政治におけるそのような原の志向やスタイルは、後で見るように原内閣が担った第一次世界大戦終結後の日本外交にも反映される。

大戦終結、パリ講和会議へ

長引く世界大戦が終結に向かううえで重要だったのが、アメリカの参戦である。一九一七年四月、アメリカはイギリスやフランスなど連合国の側に立って大戦に参戦する。

他方で、前述のとおりロシアでは革命が起こり、一九一八年、ロシアはドイツ側と単独講和した。連合国にとっては痛手である。ただ西部戦線では、アメリカの大軍が加わったことで連合国が優位に立った。そしてドイツ国内の事情もあり、ロシアの離脱にもかかわらず連合国は勝利を収めた。

勝利を決定づけたということで、アメリカの発言力は増した。また、戦争で荒廃したヨーロッパとは対照的にアメリカも日本と同じく戦争で疲弊しておらず、その点でもアメリカの存在感が大きくなった。さらに、アメリカ大統領のウィルソンが一四か条という戦後秩序の原則を発表したこともあり、規範や倫理の面でも大きな影響力を持った。つまり第一次世界大戦末期から第一次世界大戦後にかけて、アメリカは、政治、外交、軍事、経済、規範など、あらゆる面で世界の主要大国となった。

ウィルソン（1856～1924）

大戦は、一九一八年一一月に休戦協定が結ばれ、翌一九一九年一月にパリ講和会議が始まる。

南洋諸島領有問題

パリ講和会議の日本の首席全権となったのは、西園寺公望である。ただ西園寺が日本を出発したのは遅く、実質的には元外相の牧野伸顕が代表を務めた。ほかに、珍田捨巳駐英大使、松井慶四郎駐仏大使、伊集院彦吉駐伊

パリ講和会議日本代表団

大使が全権となった。

パリ講和会議は、日本と関わるところでは、南洋諸島領有、山東権益継承、人種差別撤廃というのが主要な問題だった。以下順次、展開を見ていく。

日本は一九一四年八月に、第一次世界大戦に参戦した。参戦を主導した加藤外相が主に注目していたのは、ドイツが租借地を有する中国の山東地方である。ただ、もともと海軍内などに太平洋上のドイツ領諸島（南洋諸島）を攻略したいという意見があり、日本は参戦後すぐに南洋諸島を攻略・占領した。もっとも加藤は南洋諸島を永久占領する方針を固めることには反対で、大隈内閣はさしあたり一時占領するとの決定をおこなった。

そこに一一月、オーストラリアの国防大臣が、日本から太平洋のドイツ領諸島の占領を引き継ぐと発表した。それは、事実に反していた。わざとそうした発表をおこない既成事実をつくろうとしたといったことではなく、イギリスとオーストラリアの間で本当に誤解が生じていたようだが、いずれにせよ南洋諸島問題が外交上の焦点として浮上する。

日英間で折衝がなされ、最終的に日本はイギリス側に、覚書を渡した。日本は赤道以北のドイツ領諸島を領有するつもりがある、そしてふさわしい時期が来たらその目的達成のためにイギリス政府が支持してくれるものと信じている、といった内容である。

覚書は、形式としては日本側の一方的な言明である。イギリスが、日本の南洋諸島領有を支持すると表明したわけではない。しかし、日本が日本の主張を相手方に伝え、相手方がそれに異議を唱えなければ、日本の主張や立場に正当性が加わる。逆にいえば、外交上の行動に関して日本とイギリスが共通の規範意識を持っているからこそ、意味を持つやりとりだった。過去の言明には拘束されるとか、合意は守らなくてはならないとか、正当性のある主張は認めようといった意識が存在した。すべてはそのときどきの力関係次第、ということではなかった。ただそこで論じられている内容は、ドイツから領土を奪うということである。平和的でも倫理的でもないが、ある種の正当性は強く意識されている、まさに大国間の帝国主義外交である。

しばらくして一九一七年、日本はイギリスから要請があった地中海・喜望峰《きぼうほう》への艦艇の派遣に応じようとした。寺内内閣・本野外相期である。本野は前述のとおり、連合国側に積極的に協力することで戦後の外交の発言権を得ようとしていた。そして実際、イギリスは見返りに、山東省および南洋諸島問題について、講和会議において日本の要求を支持する旨の言明を与える。フランスとロシアからも同様の保障がもたらされた。ロシアは革命で離脱することになるが、イギリスもフランスも大戦の主要戦勝国である。その両国から支持をとりつけた状態で講和会議に臨むというのは、日本の立場を強めていた。

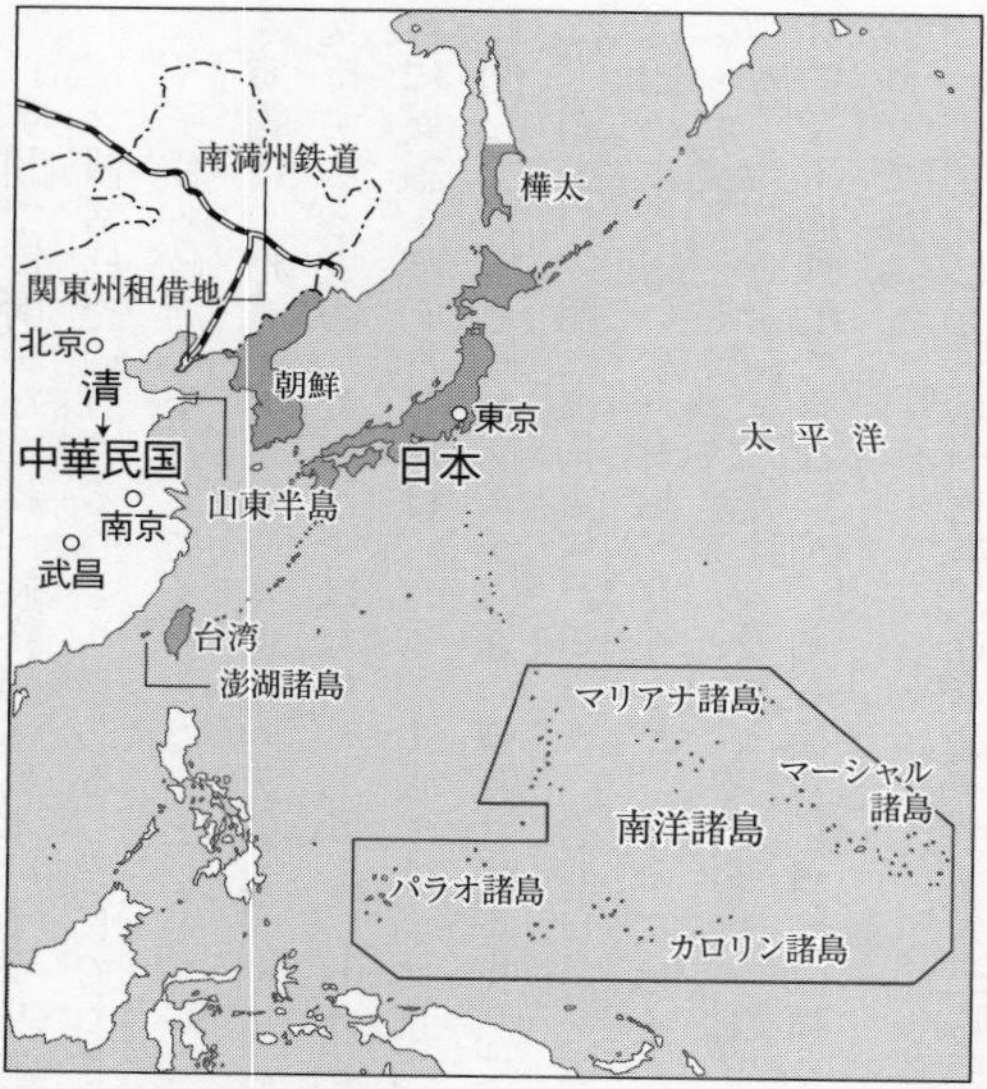

帝国日本の拡大
『詳説日本史』（改訂版、山川出版社、2022 年）所収地図をもとに作成

講和会議では、途中多少もめたものの、基本的に南洋諸島問題は順調に進んだ。日本はイ

ギリスに、約束どおり支持するよう陰に陽に働きかけた。イギリスも、赤道以北のドイツ領諸島について日本の主張を支持する言明を与えたことを意識して講和会議に臨んでいた。オーストラリアが南洋諸島に強い関心を持ち、日本が進出することを警戒していたが、そのオーストラリアの異論はイギリス側で認められていなかった。

南洋諸島は委任統治ということになり、割譲と完全に同じではなかったが、日本の支配下に収めた。日本としては、当初の目的はほぼ達成された。南洋諸島をめぐって、日本は機を捉えて主張の根拠を積み重ね、その主張や行動がイギリスあるいはフランスから正当とみなされた。そして、戦争を通じて領土や権益を獲得すること自体は当然視していた。帝国主義外交における正しさの感覚が、よく表れている。

山東権益継承問題

日本が重視し、かつ南洋諸島領有問題と異なり紛糾したのが、山東権益の継承である。日本は、大戦中に攻略した山東のドイツ権益の継承を主張した。それに対して中国側は、中国への還付を求めた。日本側が膠州湾租借地について、日本が処分権を得たうえで中国に返すと説明すると、中国側はそれならば直接中国に還付すればよいと論じた。

日本が租借地を中国に返すと述べていたのは、ウソをついたわけではない。本当に返す予定だった。ただ、返す段階で中国側と交渉し、租借地は保持しないものの、山東で経済的な利権を得ようとしていた。ドイツから中国に直接返還されては、日本がそうした利権を得る手がかりがなくなる。

日本側としては、山東ドイツ権益を日本が継承したうえで租借地を中国に還付することなどは、大戦中の日中間の取り決めで定められているという立場だった。関連する内金を中国はすでに受け取っているとも主張した。一方中国側は、そもそも二一か条要求にしてもその後の取り決めにしても、日本に強要されたもので不当であると訴えた。

つまり日本は、合意したではないか、条約・取り決めがあるではないかと論じていた。主張の根拠が存在するという議論であり、帝国主義外交の正当性の理屈である。それに対し中国側は、軍事的威圧などを背景に不利な内容を押しつけること自体が正しくないという正義の観点からの議論だった。

アメリカのウィルソン大統領は、心情的には中国を支持していた。ウィルソンは、二一か条要求など日本の対中政策には批判的だった。しかし、日本が強硬に山東権益継承を主張していた。米英仏、イタリア、そして日本が主要な戦勝国である。イタリアが別の問題をめぐって会議から離脱していたこともあり、日本に抜けられては困る状況だった。

したがってウィルソンはやむなく、日本の主張を受け入れることになった。日本代表も、ウィルソンの理想主義に賛同するようなことを述べて歩調を合わせた。またイギリスが仲介し、山東に関して日本が最終的に得るつもりの利権の内容をより明確ないし限定的なものにするかたちで妥結させていった。

講和条約（ヴェルサイユ条約）では日本の山東権益継承が定められ、六月に調印された。山東問題に関する留保を認められなかった中国は、調印しなかった。つまりパリ講和会議においては、日本側の言い分が通った格好になった。ただ、帝国主義外交の論理は重大な挑戦を受けつつあった。

人種差別撤廃問題

日本が山東問題のように重大な決意をもって臨んだわけではなく、ただ結果的に紛糾したのが、人種差別撤廃問題である。もともと、日本人を含めアジア人は白人・西洋人に差別を受けていた。心理的差別があり、また移民をめぐる差別的待遇もあった。移民問題に関しては、たとえばアメリカとの間でたびたび折衝がなされ、日本からの渡航者を制限するといった対応もとられた。日本政府としては、熱心に取り組み続けた問題かといえばそうでもなかったが、いずれにせよ国家の体面、紛争予防、経済面などさまざまな観点から、差別の是正やその足がかりを望んでいた。

そこに、ウィルソンが理想主義的な一四か条を掲げ、国際連盟設立を提唱する。日本側は、新たに設立される国際組織が人種に基づく偏見や差別を固定・助長するようでは困ると警戒した。そして、そのような組織ができるならば差別是正の取り組みとセットにするべきだと考えた。

差別是正を提起するに当たり、日本側が当初重視していたのは、日本との間で日本人移民をめぐる問題を抱えるアメリカである。アメリカの意向を探ろうとし、またアメリカを説得しようとした。

しかしより大きな難関は、オーストラリアやその影響を受けるイギリスだった。オーストラリアは人種差別的ないわゆる白豪主義があり、また日本の南洋への進出を警戒していた。オーストラリアの首相・ヒューズの反対姿勢は強硬だった。自治領などから多大な貢献を受けて大戦を戦ったイギリスも、反対の立場をとった。

パリ講和会議

日本は連盟規約の条項中に各国民平等・差別撤廃の文言を盛り込もうとしたが、失敗した。前文への挿入もできなかった。前文への挿入については各国の賛否表明がおこなわれ賛成多数だったものの、議長のウィルソンは全会一致でないとの理由で提案を退けた。結局日本は、人種差別撤廃に関する日本の主張を記録に残すことで折り合いをつける。

機を捉えて差別の是正・撤廃を提起することは日本側の方針として事前に決まっていた。ただ具体的な行動は、代表団の判断で取り組み、日本本国へは事後報告になることも多かった。日本政府としてそれほどこだわりをもって臨んだ問題ではなく、準備は不十分だった。原首相は、「之《これ》が為《た》めに国際聯盟を脱退する程の問題にも非《あ》らず。結果行わざるも現状より不良となるにもあらざるに付、体面を保つことを得ば可なり」と記している（『原敬日記』一九一九年三月三〇日）。いったん提起した以上は全面的な交渉上の敗北は回避しようとしたものの、日本の主張がなかなか通らないこと自体は冷静に受け止めていた。

しかし、日本国内の反応は違った。国際連盟という世界平和に向けた新組織が創設されるに当たり、当然受け入れられてしかるべき日本の主張が拒絶されたということで、世論は強く反発した。日本政府・外交担当者とそれ以外の人々との温度差は、じきに日本外交において重要な意味を持ってくる。

なお、国際連盟が設立されると、日本はイギリス・フランス・イタリアと並んで常任理事国となる。日本が警戒したような、新たな国際組織が人種に基づく偏見や差別を助長するということは特段なかった。そして新渡戸稲造《にとべいなぞう》のように国際連盟で活躍した日本人もいた。

求められる刷新

パリ講和会議において日本の全権たちは、日本が直接に利害関係を有さない問題についてはは積極的に発言しようとしなかった。それは、当然といえば当然である。そもそも日本は、東アジアにおいて大国の一つとして国際政治の舞台に立っていたとはいえ、世界の大国という意識はない。また第一次世界大戦は、一義的にはヨーロッパ諸国の戦争だった。戦争は世界中に波及し、日本も参加していたものの、ヨーロッパ諸国とは戦争への関わり方がまったく異なる。アメリカのように、軍事的に多大な貢献をしたわけでもない。

会議に臨む意気込みや陣容も、ほかの主要な戦勝国とは大きな差があった。アメリカ、イギリス、フランス、イタリアは、大統領・首相など、政府首脳が参加していた。日本は、首席全権は元首相でしかも遅れてパリに入り、実質的な代表を務めたのは元外相である。

代表団全体の人数も足りない。各種委員会や分科会が次々に開催されて人手不足に陥った日本は急遽《きゅうきょ》、政府外の人物を委員として出席させるといったこともして、なんとか乗り切った。講和会議で存在感を発揮しようという意思はもともと特になく、それを可能にするような準備もなされていなかった。

そうした様子を、現地で歯がゆく見ている者たちがいた。まずは、報道関係者である。東方時論の中野正剛《せいごう》は会議途中で帰国し、国内で日本外交の不活性ぶりを強く批判した。随員の若手外交官たちも憂慮の念を抱き、外務省改革の動きにつながる。後に一九三〇年代から四〇年代にかけて日本外交の枢機を担う有田八郎《はちろう》や重光葵《しげみつまもる》らが運動を始め、人材の養成と抜擢、機関拡張などを訴えた。

パリ講和会議から帰国した若手外交官らは革新同志会を結成し、さらに外務省の正式な機関として一九一九年一〇月、制度取調委員会が設置される。政府および外務省首脳の間でも外交体制の整備は課題として認識されており、同年七月には条約局が新設されていた。

制度取調委員会が報告書を提出した一九二〇年には、国際連盟や第一次世界大戦後の講和条約実施に対応する、臨時平和条約事務局が設置される。また政務局が、亜細亜局と欧米局に分けられた。情報部も始動した（正式に外務省の部となったのは一九二一年）。

機構が拡大するとともに、人員・予算も膨張した。公使館や領事館の設置、公使館から大使館への昇格など、在外公館の増強も進む。定員や予算の急拡大はじきに歯止めがかかるが、ともかくこの時期に、外務省は組織として巨大化した。業務の拡張と世界情勢の変化に合わせた、体制の刷新が求められたのである。

時代の要請に応えたとはいえ、組織の拡大には負の側面もあった。もともと日本外交は、外務大臣やそのほかの有力外交官などひと握りの者たちが中心的に担い、「個」の要素が大きかった。彼らの志向と手腕が、直接的に外交に反映された。同時に「個」は、銘々勝手に動いたのではない。相当程度共通する世界観や思考様式を持ち、しばしば職務上の接点があり、互いの人となりであるとか仕事ぶりを把握していた。明治後期に長く外務大臣を務めた小村寿太郎は下僚をよく用いる人ではあったが、それも自身が掌握している範囲内での組織運営だった。

しかしやがて世代交代が進み、組織も拡大すると、外務省内で志向が分かれていく。セクショナリズムもはびこる。従来の大国間協調外交の系譜に連なる者たち。新外交の潮流や国際連盟を重く見る者たち。地域主義的にアジアにおける日本の優越を追求する者たち。より根本的に国際秩序と日本外交の革新を求める者たち。日本外交の幅を広げ活性化させるような多様性ではなく、共通理解と連携の不足した組織分化となっていった。

第5章 第一次世界大戦後の世界と日本

1 国際秩序の変容

中国の「主体」化

第一次世界大戦を経て、日本を取り巻く国際環境は大きく変わった。

第一に、中国が主体として国際社会に登場してきた。伝統的には中国は大国で、東アジアの頂点に君臨していた。しかし日清戦争で敗れ、ヨーロッパ列強や日本の進出を受ける。その後も国際政治上の焦点の一つではあったが、それは基本的に国際政治の場として、あるいは客体としてだった。ところが第一次世界大戦後は、中国が発言力を有するようになっていく。

背景はいくつかあるが、たとえば、中国は大戦に連合国の側に立って参戦した。軍事的に多大な貢献をしたといったことではないが、戦勝国の一つである。パリ講和会議に参加し、国際連盟にも加盟した。

また、大戦を経て世界的に、反帝国主義の考えが広まっていった。そうした世界的な思想・規範の変容は、中国をめぐる状況にも反映された。つまり、列強が共同で中国を抑圧していることが批判的に捉えられるようになった。

しかも、言説のレベルで批判されるとか中国が反発するというだけならば諸列強がまとまって抑え込むことも考えられるが、ロシアは革命で帝国が崩壊した。ドイツは大戦で敗れた。もともと中国に関わる主な大国は、日本・イギリス・フランス・ロシア・ドイツ、そして対中方針がほかの大国とは異なるアメリカといったところである。そこからロシアとドイツが欠けるとなると、従来のように帝国同士が牽制・協調しながら集団で中国を抑圧する体制は続きにくかった。

さらに、アメリカが中国に好意的だった。それは、諸列強が中国を分割して囲い込む状況を打破し、中国で経済的に利を得ようとした自己利益の面はある。しかし同時に、理想主義・人道主義の面もあった。

アメリカの台頭とロシア帝国の崩壊

第二の変化は、アメリカの台頭である。すでに述べたように、第一次世界大戦を経て、政治、外交、軍事、経済、規範などあらゆる面でアメリカは世界の主要大国となった。大戦後に世界的に生じた反帝国主義や民族自決の意識の高まりも、アメリカの台頭と密接に結びついていた。

第三に、ロシア帝国の崩壊である。日本外交にとって、いくつかの点で大きな意味を持っていた。前述の、中国をめぐる列強の一角がなくなったというのもそうである。また満州ないし満蒙に関しては、日本はロシアとの間で累次の取り決めを結び、互いの勢力範囲を承認し合っていた。その相手国が失われた。

日露戦争後、次第にロシアは日本にとって政府・軍のレベルで予測や共存が可能な相手となっていった。一九一六年には、戦争時の援助などについて定めた第四次日露協約（日露同盟）が成立している。一方、革命勢力は未知のものである。しばらくして政権として固まってくると日本も関係を結ぶようになるが、それ以前のロシア帝国との関係のようにはいかなかった。

なお、ソ連が成立し台頭していくのはもう少し後の時期である。ただ思想的には、ロシア革命の衝撃は当初からあった。社会主義・革命が周辺諸地域に、そして世界に伝播《でんぱ》した。それに対する警戒心も生じさせた。帝国主義や旧外交への批判にも影響を与えた。

規範の変化

右の三点は、日本が関わる主要な国の体制や世界のなかでの位置づけがどう変わったかということであった。同時に大戦後の世界では、国際的な組織や規範、ルール、それらに対する人々の意識も変化した。

まず、国際連盟が設立された。常設の国際機構によって平和や安定を維持しようとする仕組みがつくられたのである。国際連盟では中小国も発言権を有し、影響力を発揮した。国際連盟のもとで、さまざまな分野での国際協力の取り組みもなされた。

また、民族自決が唱えられ、帝国主義が批判された。大国間の秘密外交や同盟が否定的に捉えられるようにもなる。大国の論理や意向、大国間の関係性が世界を支配することに対して、批判の意識が高まった。

平和が希求され、軍縮（軍備制限）条約が結ばれ、戦争違法化の流れもできていく。戦争や軍事行動、軍備に制限をかけていこうという方向性が生じた。

以上はいずれも、相互に関連する一群の動きである。大戦を経て、その反省をふまえて、世界は変わった。

とはいえ、現実がいきなり一八〇度転換したわけでも、理念が完璧に現実化したわけでもない。国際連盟は、主要な推進主体であったはずのアメリカが、国内の反対で参加しなかった。帝国が崩壊したロシアも、戦敗国のドイツも加盟していない。主要な大国がいくつも加盟していなかったのである。その後、加盟した国もあるが、他方で日本が満州事変を経て脱退するなど、抜けていく国もあった。国際連盟の世界を規律する力は十分でなかった。

国際連盟（第１回総会）

民族自決に関しても、たしかに民族自決という考え方は唱えられたが、依然として、世界には植民地も抑圧された民族もいくらでも存在した。現実は、大戦を経て変わった部分もあれば変わらなかった部分もあった。

ただ、規範の変化が世界にもたらした影響は、直接的に表面化したもののみでない点には注意が必要である。たとえば、大戦後も諸帝国は権益を次々に手放したわけではない。植民地なども保持していた。しかし、帝国主義や対外膨張に対する批判の意識は世界的に増している。列強はすぐには権益を手放さないとしても、手放さざるを得なくなるのではないかと考え、あるいはどうすれば保持できるかを検討した。そして、新たな対外膨張や軍事行動に関してはより慎重になり、よりたしかな口実・名分を探った。軍縮も、すぐに徹底しておこなわれたわけではないが、少なくとも世界で軍縮の気運が生じ、各国はそれを意識した。原内閣期の日本も、そのような前提のもとで外交をおこなっていく。

原内閣期の日本外交

原内閣期の日本外交の特徴は、まず、大勢順応である。様子見をしてほかの大国に歩調を合わせる、流れに合わせて適宜対応する、ということである。原以前に政友会の総裁を務めた伊藤博文や西園寺公望も、積極的な外交を志向するタイプではなかった。平穏な国際情勢のなかで日本を豊かにしようとしていた。

原はそうした伝統を引き継ぎつつ、原自身かつては外務官僚で通商局長や外務次官、日清戦争後の難しい時期の駐朝鮮公使を務めた経験もあり、伝統的な日本外交の感覚を持っていた。ほかの大国と調整しながら、認められる範囲で日本の利益や勢力を伸ばしていこうとするものである。

したがって、世界大戦の終結という背景ももちろんあるが、原内閣のもとで日本外交は軌道修正が図られた。大戦中の日本の外交とりわけ対中政策は、伝統的な日本外交のあり方からすると逸脱気味の、突出した対外膨張策の傾向があった。そこから伝統的な日本外交、標準的な帝国主義外交に戻そうとした。中国国内の政治情勢にはあまり深入りせず、謀略や工作はしない。突出した強硬な主張もしない、といったことである。

シベリアに派兵した大量の軍隊も、引きあげていった。ただし、撤兵に関してそれなりの契機や対価を求めており、完全撤兵という方針の決定までには時間がかかった。また一九二〇年、ニコラエフスクで武力衝突が生じて多くの日本人が死傷した尼港《にこう》事件を機に、北樺太を占領した。日本人の生命・財産侵害に関する対抗措置はとったのである。いずれも、単に対外膨張策を放棄したということよりも、伝統的な日本外交への回帰として理解できる（日本が北樺太から撤兵するのは、日ソ基本条約が結ばれた一九二五年。それ以外の撤兵は一九二二年に完了）。

原敬（1856～1921）

当時、日本国内では、軍が日本の政治・外交に不当な影響力を与えているのではないかという批判があった。また日本の対外政策に関して、アメリカなどから批判や警戒の目が向けられていた。原内閣がそうした視線を意識して対応した面も、皆無ではない。ただ根本的には、世界大戦が終わったのと、伝統的な日本外交のあり方からすると逸脱気味だったということで、大戦中の外交からの転換が図られた。

なお、原内閣の外務大臣は内田康哉である。外務本省および在外の主要ポストを経験し、辛亥革命時の西園寺内閣でも外務大臣を務めていた。日本を代表する有力外交官の一人である。ただ内田は基本的に、自分に権力を与えている人物や組織の意向に沿った行動をとろうとする人物だった。原との個人的な人間関係においても、両者はともに陸奥宗光の薫陶を受けた古くからの知己で、原の方が先輩格だった。そのほかに第一線で活動する外務官僚・外交官たちはもちろんいるものの、原内閣期の日本外交はおおむね、原の認識や構想を軸に捉えることができる。

「満蒙は日本の生命線」への道

原内閣期の外交は、第一次世界大戦中の変則的な外交から伝統的な日本外交に回帰したというだけでなく、もう一段階の軌道修正が図られた。背景にあったのは、前述の、国際環境や国際的な規範の変容である。

中国が主体として国際社会に登場してきた。ロシア帝国は崩壊し、ドイツも敗戦国になった。世界では民族自決の観念や帝国主義に対する批判の意識が広まった。列強同士が協調しながら権益を確保していくような、中国をめぐる帝国主義外交は成り立ちにくくなった。旧来の外交のあり方に批判的なアメリカの存在感が高まり、そのアメリカは中国を支持し、日本を強く警戒していた。

この状況において原内閣の姿勢は、まずはやはり、大勢順応だった。ほかの国が中国における勢力範囲の撤廃などをするのであれば日本もそうする、といった構えである。ほかの大国の様子を見ながら、日本だけが不利益を蒙《こうむ》らないようにしようとした。

同時に原内閣は、従来から続く帝国の拡大について改めて検討をおこなった。さまざまな方面に進出し、どの地域も、どの権益も固守するのは大変である。そこで、重点地域をしぼった。

重点地域はどこかといえば、満蒙である。満蒙を日本の利益の所在として強調し、シベリアや山東方面からの撤退に道筋をつけた。結局実現までにはさらに時間がかかるものの、シベリア出兵部隊の完全撤兵という方針を定め、日中間の対立が続く山東還付をめぐる問題に関しても折り合いをつけようとした。

原内閣期の外交の基本姿勢は大勢順応であり、アメリカやイギリスとの協調も重視していた。しかし、満蒙確保に関しては原内閣の考えはゆらいでいない。日露戦争以来、蓄積されてきた満州・満蒙へのこだわりを引き継いでいた。

しかもその際、満蒙をめぐる日本政府の論理はそれ以前に比べてより強化されていた。つまり、国際的な規範が変化し、帝国主義は批判的に捉えられるようになってきている。中国をめぐる情勢も変わった。新たな国際秩序のもとでなお満蒙権益を確保するには、勢力範囲を列強同士で相互承認しているとか、歴史的経緯があるとか、比較的重要な利益であるといった論拠では弱い。

そこで、満蒙権益は日本の国防ならびに国民の経済的生存に関わるものと位置づけられた。中国に対する新四国借款団をめぐる他国とのやりとりのなかで、また対外方針を定めた閣議決定において、同様の文言が用いられている。後に一九三〇年代、満州事変のころの日本では「満蒙は日本の生命線」というスローガンが唱えられる。それに類する論理は、大国間協調を心がけ、大勢順応を基本としていた原内閣のときに、政府方針として設定されていた。国際的に帝国主義外交が批判の対象となってきたために、従前とは異なるより強い論理で、いかに満蒙権益が日本にとって重要で特別であるかが論じられた。国際秩序の変容が、日本外交の論理の変化をもたらした。

影響は、対外的な説明の次元にとどまらない。日本政府も日本国内の言説もやがて、満蒙権益は日本の国防ならびに国民の経済的生存に関わるものであるという発想にからめとられていく。ただし、それを一因として日本が国際社会との対決に向かうのは、もう少し先のことである。

ワシントン会議

一九二一年から二二年にかけて、第一次世界大戦後の重要な国際会議であるワシントン会議がおこなわれた。主要議題の海軍軍備制限問題については後の時期まで含めて後述するが、ここでそれ以外の内容について見ておく。

まず、ワシントン会議で決まったことの一つは、日英同盟の終結である。アメリカからすれば、日本は軍事的に最も警戒する相手である。イギリスはアメリカと戦うつもりはなく、日英同盟はアメリカを相手に発動しないことになっていたが、いずれにせよ、日本の立場を強めるような同盟はアメリカにとって不都合なものだった。

イギリスも、アメリカの意向はわかっている。ただ、日本との関係を悪化させるのも好ましくない。イギリスから行動を起こして同盟を廃棄するような展開は、避けようとした。イギリスは、日本が日英同盟に重きを置いていると思っていた。

しかし実は、日本も日英同盟にはそれほどこだわっていなかった。前述のとおり、日露戦争後、日英同盟は日本にとって軍事的にはあまり意味のない同盟になっていた。日本としては、第一次世界大戦を経て世界最大の大国はアメリカだと考えており、アメリカとの関係を重視していた。したがってアメリカが強く反発している日英同盟には固執せず、日英同盟廃棄をあっさりと受け入れた。

またワシントン会議では、中国に関する九か国条約が結ばれた。領土保全、門戸開放、機会均等といった原則が確認された。もっとも日本の満蒙権益が否定されたわけではなく、日本の外交方針と対立するものでもなかった。少なくとも日本側は、そのように認識していた。

ただしそれはあくまで、この時点では、である。たとえばワシントン会議終了後、アメリカのヒューズ国務長官は駐米大使の幣原喜重郎に、日本が中国において特別な利益を有しているという意味は、性質ではなく程度の問題であるとの理解を示した。その論じ方は、満蒙に関していえば日本政府の立場とは合致していない。日本は、満蒙権益は列国が中国に有する諸権益とは異なる性質のものであると位置づけようとしていた。ただ、そうした日本の立場に一定の配慮がなされ、程度問題として利益の調整が図られるならば、日本としては受け入れることができた。

危うい均衡である。中国国内の情勢が変化し、また具体的に中国に関わるさまざまな問題が発生するなかで、日本は難しい舵取りを迫られていく。

最後に、ワシントン会議の機会を利用して、イギリスやアメリカの仲介を受けながら、日中が山東問題に関する協定を結んだ。前述のとおり、それ以前に原内閣が満蒙を日本にとっての利益の所在として強調し、そのほかにおける妥協を促すような決定をおこなっていた。日本としては折り合いをつける用意があるなかで、ちょうどよい交渉の機会や仲介者がそろい、妥結に至った。

国際社会への不信感

以上見てきたように、日本政府は第一次世界大戦後の国際秩序の変容に、それほど違和感なく対応しようとしていた。世界の変化にとまどい、取り残されたということはない。しかし足元では、日本が国際社会のなかで歩むことを困難にする要因が生じてくる。

すでに述べたとおり、日本はとりわけアメリカとの間で日本人移民の差別・排斥問題を抱えていた。黄禍論もあった。急速に伸びてくる新興国・日本に対する警戒心が、黄色人種に対する警戒や差別と結びついていた。

そのようにさまざまなかたちで、白人・欧米人から差別されているという意識が日本人のなかにあった。パリ講和会議では人種差別撤廃という日本の要求が通らず、日本国内で怒りの声があがる。そして一九二四年にはアメリカで、帰化不能外国人の入国を禁止するというかたちで日本人の移民が禁じられたいわゆる排日移民法が成立し、日本に衝撃を与えた。日本（人）は世界で不当なあつかいを受けているのではないかという意識や国際社会に対する不信感は、マグマのように溜まっていた。

パリ講和会議のとき、人種差別撤廃問題をめぐって国内世論が反発しても、日本政府は動じなかった。指導者・外交担当者の判断枠組みに基づき、外交において取り組む課題やとるべき姿勢が定められた。しかし一九二〇年代から三〇年代にかけて日本は、世論の影響力が強くなってくる時代である。政党内閣が、続々と成立した。普通選挙運動が広がり、男子普通選挙が実現した。新聞が大幅に発行部数を伸ばすなど、メディア・ジャーナリズムも発展した。そうしたなかでやがて日本外交は、国内のマグマに煽《あお》られるようになっていく。

近衛文麿「英米本位の平和主義を排す」

象徴的な人物が、近衛文麿《このえふみまろ》である。近衛は一八九一年、公家のなかでも最高級の名門・近衛家の長男として生まれ、京都帝国大学を卒業した。思想や哲学に関心を持ち、また社会のあり方について思いをめぐらせていた。社会問題、労働問題、社会主義、革命といった時代背景のなかで、華族の若い世代によく見られた傾向である。同時に近衛の場合、期待を集めていた政治家である父の篤麿《あつまろ》が早くに亡くなり、そのときに周囲が疎遠になったことなどから、世の中に対する不信感めいたものをもともと強く持っていた。

その近衛が一九一八年に雑誌『日本及日本人』で発表したのが、「英米本位の平和主義を排す」という文章である。近衛は、民主主義や人道の観点を強調し、民主主義・人道といったときに何が大事かといえば平等だと論じた。その見方を国際的に当てはめると、各国平等の生存権であるというのが近衛の主張だった。

各国平等の生存権とは、ごく当然の主張のようにも見えるが、それは要するに、後発帝国が領土などを拡張する権利があるということだった。近衛によれば、第一次世界大戦前の状態は英米からするとよいかもしれないが、公平に第三者の正義人道の観点から見れば違う。先に発展した強い国が植民地をつくり利益を独占し、後発国は獲得する土地や膨張・発展する余地がなくなっていた。そうした状態は人類の機会均等の原則に反し、各国民の平等な生存権を脅かし、正義人道に反する。

近衛文麿（1891～1945）

近衛は、手段が問題だったにせよドイツがその状態を打破しようとしたのは正当な要求であったとして、以下のように訴えた。

「吾人は来るべき講和会議に於て、英米人をして深く其前非を悔いて傲慢《ごうまん》無礼の態度を改めしめ、黄人に対して設くる入国制限の撤廃は勿論《もちろん》、黄人に対する差別的待遇を規定せる一切の法令の改正を正義人道の上より主張せざる可《べか》らず。想うに、来るべき講和会議は人類が正義人道に本《もと》づく世界改造の事業に堪うるや否やの一大試錬なり。我国亦宜しく妄《みだ》りにかの英米本位の平和主義に耳を籍《か》す事なく、真実の意味に於ける正義人道の本旨を体して其主張の貫徹に力《つと》むる所あらんか、正義の勇士として人類史上永《とこし》えに其光栄を謳われむ」。

つまり近衛は、世界を規律するものとして正義や理想を重視していた。近衛はこの文章で、繰り返し「正義人道」という言葉を使っている。そして、現実の世界は必ずしも正義人道が徹底されていないなかで日本こそが正義を実践しているのだ、あるいは実践すべきだ、と論じた。

日本外交が伝統的に重視していたのは、大国間で認められる正当性であって倫理的な正しさではない。そこに、ウィルソン大統領など、正義や理想を掲げる動きが生じた。近衛の議論は、そうした第一次世界大戦後の潮流と合致していた。

また、日本の外交当局者たちは明治中期以来、西洋中心の国際秩序に公正さを認め、そのなかで日本は十分に発展していくことができると考え、適合していった。文明国化路線をとって条約改正を目指したのは典型的な例である。一方近衛は、既存の国際秩序は不公正であり、日本にとって不利であり、そのような秩序はつくり変えなくてはならないと主張した。正義に立脚した新秩序の追求である。

近衛の議論は、日本国内にはそうした意見もあった、という位置づけにとどまらない。もともと日本では、経験を積んだ政治指導者・外交担当者とそれ以外の人々との間に、大きな対外認識の差があった。そして日本外交を導いていたのは、外交当局者たちの認識や論理だった。ところが近衛の議論は周辺部にとどまらず、一九三〇年代に、日本政府の対外政策を基礎づける論理となる。それは近衛個人の思想というよりも、既存の秩序や日本外交に飽き足らない人々の意識の結晶であった。さらに近衛自身も、首相となって既存秩序への不信感を実践に移していく。

政党内閣と中国情勢

一九二四年、憲政会総裁の加藤高明を首相とする憲政会・政友会・革新倶楽部の連立内閣（護憲三派内閣）が成立する。以降、加藤内閣、第一次若槻礼次郎《わかつきれいじろう》内閣（憲政会）、田中義一《ぎいち》内閣（政友会）、浜口雄幸《はまぐちおさち》内閣（民政党。憲政会と政友本党が合流）、第二次若槻内閣（民政党）、犬養毅《いぬかいつよし》内閣（政友会）、と二大政党の内閣が続いた。

憲政会・民政党内閣のときに外務大臣を務めていたのは、幣原喜重郎である。幣原は外務次官や駐米大使を経て、外務大臣に就任した。一方、政友会の田中内閣では田中首相が外務大臣を兼任した。陸軍軍人の田中は原内閣の陸軍大臣などを務め、その後政友会の総裁となり首相になった。

この時期に継続的に大きな外交課題となったのが、中国問題である。年表調にいくつかのできごとを挙げると、まず北方では、軍閥の争いが繰り返された。安徽《あんき》派と

幣原喜重郎（1872〜1951）

直隷《ちょくれい》派の安直戦争（一九二〇年）、奉天派と直隷派の第一次・第二次奉直戦争（一九二二・二四年）、奉天派内での張作霖《ちょうさくりん》に対する反乱である郭松齢《かくしょうれい》事件（一九二五年）、といった具合である。日本ないし日本陸軍は、満州の実力者である張作霖と提携関係にあった。

一方、一九二五年から中国および諸外国による北京関税特別会議が開かれた。ただ翌年には北京の段祺瑞政権が崩壊し、会議は中止となる。また、中国をめぐってそれぞれ経済的な思惑を抱える日英の対立などが顕在化した。

一九二六年には、蔣介石《しょうかいせき》が国民革命軍を率いて北伐《ほくばつ》が開始される。国民党創設者の孫文が前年に亡くなった後、蔣介石は国民党・国民政府内で台頭していった。共産党との間では、一九二四年に第一次国共合作が成立している（中国国民党は一九一九年、中国共産党は一九二

一年に結成)。

北伐の途上では、一九二七年、現地の日本人・諸外国人が襲撃されるなどした南京事件や漢口《かんこう》事件が発生している。こうした問題に関して幣原外相は軍事的介入に慎重だったが、同年に成立した田中内閣は、翌一九二八年にかけて現地日本人保護のため三度の山東出兵をおこなった。そこで国民革命軍と日本軍が衝突した済南事件も起こっている。

さらに一九二八年、張作霖に見切りをつけた日本の関東軍(満州駐屯部隊)の謀略で、張作霖爆殺事件が引き起こされた。もっとも、数年後の満州事変とは異なり、そこから事態が拡大することはなかった。

田中義一(1864〜1929)

第一次世界大戦後、中国をめぐる列強の集団抑圧体制は崩れた。ただ、確立した中国の政権が国内を安定的に統治しながら他国との交渉をおこなっていたということでもない。中国内の勢力争いは依然として続いていた。諸外国が関わる紛争も繰り返し発生した。中国国内でナショナリズム・反帝国主義の意識が高まり、しかし他方で現実として中国に諸外国の権益が引き続き存在し、外国人もいるといったなかで、必然的にもめごとは多々起こった。そして、そうした諸事件に関して、また帝国主義的権益や不平等条約の撤廃・改正に関してどのように対応するのか、関係各国の見解はしばしば分かれた。中国国内の政治情勢や諸事件・諸運動、各国の方針、大国間の関係性、それらに影響を与える国際的な規範など、すべてがゆれ動いていた。

幣原の対中政策は、日本国内で軟弱外交と批判されることが少なからずあった。たしかに、幣原外相の対中不干渉の方針は特徴的だった。それに対し田中内閣期には、三次にわたる山東出兵がおこなわれるなどした。

しかし満蒙権益の固守や英米との深刻な対立は避けようとすることなど、共通点も多々あった。両外交の対中政策の差は、そのときどきで中国情勢がいかなる状況だったか、どのような具体的な問題が生じたか、といったことに影響された部分も大きい。なお、幣原外相期の外交について協調外交という呼称があるが、イギリスとの関係でいえば、協調的だったのは幣原外相期よりも田中内閣・外相期の方である。

一九二八年の張作霖爆殺事件後、張作霖の後を継いだ息子の張学良《ちょうがくりょう》は国民党に服属の姿勢をとり、北伐は完了した。内実を見れば、中国国内・国民党内でなお争いが続いた。国共合作も、すでに一九二七年に崩れている。満州に勢力を築く張学良の独立性が失われたわけでもない。とはいえ、国民政府が中国を代表するかたちとなり、国内のナショナリズムを背に受けながら諸外国との外交に臨む。中国情勢は、新たな局面に入った。

2　海軍軍縮問題——破裂のきざし

ワシントン会議招請

第一次世界大戦後、世界で軍縮や戦争違法化の気運が高まるなか、大国が海軍軍縮に取り組むようになる。それは一九二〇年代から三〇年代にかけて、日本の内外政においても大きな政策課題となった。

一九二一年七月、アメリカが日本を含む関係各国に対し、軍備制限と太平洋・極東問題に関する国際会議をおこなうことを提起した。背景にはまず、軍縮の気運があった。第一次世界大戦を経て世界で平和が希求され、対外膨張や軍事行動が否定的に捉えられるようになってきていた。海軍軍備制限についてはアメリカ議会で、日英と協議すべきとの決議案も提出されていた。海軍軍備の財政負担は重く、ただし単独で軍備を縮小すると軍事バランスが崩れる。そこで、海軍大国同士で協定を結ぶというのが軍備制限・軍縮に向けた現実的な方策と考えられていた。当時の三大海軍大国は、イギリス・アメリカ・日本である。アメリカは軍縮という国際社会の気運に乗じ、ほかの大国を巻き込みながら、財政負担という自国の問題を解決しようとしたともいえる。

日米対立も背景にあった。日露戦争後、日米間にはさまざまな問題があり、とりわけ第一次世界大戦中から、中国政策などをめぐって対立と不信の度合いが増していた。アメリカが国際会議の開催を提唱したことについて、日本を抑え込もうとする意図があるのではないかと日本の朝野が疑ったのは、あながち邪推でもなかった。

もっとも、世界の平和や安定を目指そうという試みに対し、反対論は唱えづらい。また日本にとっても、大国間で軍備制限の枠組みができること自体は望ましかった。そこで日本政府は、太平洋・極東問題というところに中国に関する問題がどの程度含まれるのか警戒しつつ、会議への招請に応じることとした。

このとき日本は、原内閣である。前述のとおり原内閣の外交の基本は、大勢順応だった。アメリカの国際会議開催の呼びかけに対しても、懸念は抱きながらも反対はしなかった。日本として譲れない部分はあるが、あとは他国の様子をうかがい、大勢に従おうとした。そうして、国益を確保しようとした。会議に応じるとはいえ、受動的・消極的な姿勢である。その取り組み方が悪い方向に作用していくのが、海軍軍備制限問題であった。

日本政府の考えと姿勢

海軍軍備制限について、日本政府はどのように考えていたのか。首相は原で、海軍大臣は加藤友三郎《ともさぶろう》である。組織としては海軍ないし海軍省が主に関わる。

実は、原首相も加藤海相も海軍も、軍備制限協定には賛成だった。少なくとも、決して反対ではなかった。たとえば、当時日本には海軍総体の建艦計画として戦艦八隻・巡洋戦艦八隻を基幹とする八八艦隊計画が存在し、加藤は計画成立の功労者だった。しかしその加藤が原に対して、八八艦隊については英米とのバランス次第で見直してよいと述べていた。海軍省内でもそのような方向で話はまとまっていた。また、相対兵力でいえば対米七割必要論が海軍内の正統的見解だったが、後の展開からわかるように、加藤はそれについても固執するつもりはなかった。日米関係全体や兵力量以外の軍事的要素を考慮に入れ、八八艦隊計画にも対米七割にも必ずしもこだわらないという、開明的な考えだった。海軍省も、対米七割に関しては曖昧な部分があるものの、基本的には加藤の考えと同じ方向性で検討を進めた。

加藤友三郎（1861～1923）

軍縮というときに一番抵抗するはずの軍が抵抗しないのであれば、首相の原は、他国との関係を考えても財政の面を考えても、もちろん軍縮に賛成である。日本政府は会議の招請に応じていくなかで、海軍軍備制限問題の協議に関しては太平洋・極東問題に比べて明確に賛意を示していた。

ところが日本政府は、積極的に軍縮推進という姿勢を国内外に対して打ち出さなかった。海軍軍備制限には賛成だったが日本側に具体的な提案の準備があるわけではなく、他国の動向をうかがいながら妥当な線に落ち着かせようとしていたからである。不用意な言明をおこなって、日本が不利になるような軍縮を強要される事態は好ましくない。したがって、軍備制限協定支持の姿勢は一応示しつつ、他国政府に言質を与えるような発言や国内世論を刺激することは避けた。

会議の展開

一九二一年一一月、ワシントン会議が始まる。直前に原首相が暗殺されたものの、高橋是《これ》清《きよ》蔵相が首相となってそのまま内閣を引き継ぎ、日本は原内閣期の方針どおりに会議に臨んだ。加藤海相が全権委員の一人であり、海軍軍備制限問題などを担当した。

会議では冒頭から、アメリカが海軍軍備制限に関して具体的提案をおこなった。論点はいくつかあったが、日本にとってとりわけ大きな問題は、主力艦の総トン数比率がアメリカに対して六割になっていたことだった。対米七割必要論が海軍内の正統的見解だったが、そこに六割という提案が来たのである。アメリカやイギリスの様子を見ながら内々に折衝して落

ワシントン会議

としどころを探るといった余裕はなかった。

アメリカの提案に対して日本側は、主義としての賛意を表明する一方で、国防上の必要性を理由に対米比七割への修正を図った。そして交渉の末、ほかの部分の条件で調整された面はあるものの、主力艦の比率は対米六割で決着した。

海軍軍備制限問題について、会議開始の時点から日本側が後手に回っていたのはまちがいない。アメリカに公開の場で具体的提案を出され、主導権を握られた。日本の事前準備は不十分だった。

とはいえ、そもそも日本も、海軍軍備制限には賛成だったのである。全権委員の加藤は対米七割を絶対に確保しなくてはならないとは考えておらず、それよりも協定を成立させることや総合的に日米関係を良好なものにすることを意識していた。そうした加藤の考えは会議中の取材対応などにもにじみ出ており、加藤は最終的には六割でも受け入れるだろうとアメリカ側にも見すかされていた。海軍も交渉の途中で、対米七割は達成できなくともやむを得ないと結論づけている。後に問題となる補助艦比率での巻き返しという考えが内包されていたにせよ、この時点で海軍内の反発は顕在化していなかった。

したがって会議の結果自体は、日本政府にとって失敗というわけでもなかった。もともと加藤海相も海軍も軍備制限協定の締結に賛成であり、対米七割確保はそれ以上に優先されるということではなかった。そして実際、海軍軍備制限協定は成立した。日米関係の悪化も避けられた。

国内世論の動向

ところが、日本国内での評価は厳しいものとなった。つまり、日本政府の軍縮に対する態度や交渉の経過が強く批判された。

ワシントン会議開始以前、日本国内では必ずしも軍縮推進論が支配的だったわけではない。一般論として軍縮・軍備制限は是とされていたが、熱心に主張していたのは一部の新聞、雑誌、言論人にとどまる。原首相や加藤海相の軍備制限をめぐる考えは、真意としては、国内世論に比して後ろ向きではなかった。

しかしながら、前述のとおり、日本政府は積極的に軍縮推進の姿勢を国内外に対して打ち出していなかった。そして会議では、日本はアメリカの提案を受けて対米七割への修正を図り、最終的には六割で妥結した。

そうすると軍縮推進派からは、日本政府は世界の潮流である軍縮に逆行する態度をとったと批判される。軍縮に積極的でない日本政府の姿勢が、増率要求に表れていたということになる。他方で軍縮推進派以外の人々からも、交渉の失敗として批判された。国防上の必要性を理由に対米七割を確保しようとしたにもかかわらず最終的に六割で決着したというのは、国防上の必要性という説明がウソだったか、国防上の問題を抱えた結論を受け入れたことになる。いずれにしても、日本政府としては都合が悪かった。

日本国内の新聞論調を見ると、会議冒頭のアメリカ提案が報道された直後は、それを支持する意見と対米比の向上を求める意見は拮抗していた。しかし、交渉が難航し、日本全権団内での意見の相違や妥協の兆候が報じられるなかで、軍縮推進・六割受諾論が勢いづいた。そうして、最終的に対米六割で決着したこともあり、軍縮論が日本の言論空間において正統的な地位を占めるに至った。

軍縮の時代

第一次世界大戦後、ワシントン会議の前の時点から、日本国内で軍への批判は少なからずあった。世界的に軍や軍事行動に対して向けられる視線が厳しくなったという背景もあるが、日本独自の状況としても、一九一〇年代を通じて軍、とりわけ陸軍の政治的影響力がしばしば批判の対象となった。シベリアからの撤兵に関しても、軍が抵抗してなかなか進まないといった主張がなされることがあった。原内閣の高橋蔵相が参謀本部廃止論を唱えたこともある。

もともとそのように軍に対する批判の声が一定程度存在したところに、ワシントン会議が開催され、海軍軍備制限協定が成立した。軍縮が現実化するということであり、軍縮論が勢いづいた。その流れに政党が呼応し、陸軍の軍縮決議案も議会で可決された。そして三次にわたって陸軍の軍縮・軍備整理がおこなわれていく。これは、軍縮の名目で人員などを削減しながら部隊・装備を近代化するといった面もあった。ただいずれにせよ、軍縮圧力を無視し得なかった。

軍縮の風潮は、軍バッシングの様相を呈した。冷静に軍のどの部分をどのように変えていくということではなく、とにかく軍を非難し、好ましくないものとしてあつかい、また軍の力を削ごうとする傾向があった。

対抗するように軍や外郭団体は、軍、そして国防の重要性をアピールした。ワシントン会議に関する海軍内の総括では、国内世論からの支持がなかったために日本全権は会議で苦境に立たされたのであり、したがって国内世論対策を強化しなくてはならないとされていた。

軍縮が時代の基調でありつつ、軍を批判する側も擁護する側も、強い言葉で相手方を攻撃し、あるいは自らの正しさを高唱した。

粗く強い言葉が飛び交う言論空間は、何かの機会に潮目が変わると容易に別の方向に大勢が振れる。一九二〇年代の軍縮の風潮は、満州事変を機に一変することになる。

ロンドン海軍軍縮条約と統帥権干犯問題

一九三〇年一月、ロンドン海軍軍縮会議が始まる。ワシントン会議の海軍軍備制限条約は主力艦について定めたが、補助艦の問題が残り、それに関する一九二七年のジュネーブ海軍軍縮会議は英米間の対立で決裂していた。

ロンドン海軍軍縮会議に臨む日本の内閣は浜口雄幸内閣で、軍縮に賛成の立場だった。ただ海軍の側は前述のようなワシントン会議の反省もあり、譲れない条件を明確にしたうえで、国内世論対策に力を入れた。全権に対しては対米総括七割、大型巡洋艦対米七割、潜水艦現有量保持という指示が出され、海軍や軍の外郭団体は、日本の主張の正当性と必要性を国内に訴えた。国内の新聞社への事前の説明もおこなわれた。

会議の結果、この目標を下回る結論が出た。大型巡洋艦は対米六割、そして潜水艦は日本の現有量の約七割が各国同一の上限として設定された。ただし、総トン数は対米六・九七五割で、ほぼ七割だった。もともと浜口内閣は軍縮賛成の考えだったこともあり、日本は条約に調印する。海軍においても、軍令部で反対論があったものの、内閣の方針には従わざるを得ないということに落ち着きかけた。

浜口雄幸（1870〜1931）

ところが軍縮条約調印をめぐって、野党の政友会などが統帥権干犯《とうすいけんかんぱん》批判を提起した。天皇は軍の統帥権を有し、補佐するのは海軍でいえば軍令部長で、軍令部長が反対している軍縮条約に調印するのは統帥権を侵すものだというのである。

軍事は国家のなかの一部の部門であり、財政や外交と密接に関わる。軍事問題だから軍事の専門家の意見のみが絶対視されるということにはならない。日本の政軍指導者たちも元来、当然のようにそう考えていた。また、国際的な海軍軍縮条約に関して軍令部（長）の意見をどこまで尊重しなくてはならないのかは、憲法などの規定から一義的に定まるものではなかった。

ただ逆に、制度上、内閣総理大臣にすべての権限が集中していたわけでもない。名目的には天皇を頂点に各組織が並立しつつ、実質的に首相が国政の中心を担っていた。したがって浜口としては、この問題に関して海軍側とより丁寧にコミュニケーションをとるという考え方もあり得た。

しかし浜口はそうしなかった。海軍内の不満を十分に解消しないまま軍縮条約に調印し、その後の批判や抵抗にも屈さず、批准にこぎつけた。その過程では、浜口が率いる民政党や内閣に加えて、天皇、宮中、重臣・長老たち、海軍内の軍縮条約支持派、世論などが浜口を支持した。

リーダーシップの比較——伊藤博文、原敬、浜口雄幸

軍の統制の問題は、やがて日本の行く末を左右する。そこで、本書で触れてきた三人の指導者、伊藤博文・原敬・浜口雄幸のリーダーシップを比較してみたい。三人はいずれも軍人ではなく、首相を務め、軍が関わる大きな国政上の課題に対峙した。

近代日本初の本格的な対外戦争だった日清戦争において、伊藤は、実質的に最高指導者として統一的な戦争指導をおこなった。伊藤は首相であり、政界の第一人者でもあった。ただ伊藤のものごとの進め方や決め方は、強引ではなかった。関係者の意向を確認し、合意を形成しようとした。政治が軍の上に、あるいは文官が武官の上に立つという関係性を構築しようとも思わなかった。

伊藤は軍人ではないにもかかわらず、戦争中、具体的な軍事作戦計画に関する意見書まで

提出している。しかしその際、慎重に、文官に首班する身であえて軍議に容喙《ようかい》しようというのではないが、と断り書きを入れていた。また伊藤は、「閣臣といい、又帷幕の臣といい、均く皆な陛下に左右して互に文武両班の上位を忝《かたじけの》うするもの」と位置づけた（一八九五年一月二七日、伊藤奏議）。上に立っているのは天皇で、政軍・文武官はそのもとで協調すべきであるというのが、伊藤の論じ方だった。伊藤はそれで実質的には軍を統制し、軍事部門があつかう専門的な事柄にもしばしば深く関与したのである。

原敬は首相として、シベリアからの撤兵や海軍軍備制限の道筋をつけ、陸海軍の予算をめぐる問題を解決した。陸軍大臣や海軍大臣とよく協議し、軍内に提携者を確保しながら軍を統制していった。世上では軍閥の横暴に対する批判や軍の力を急激に削ごうとする声もあったが、原がそうした潮流に乗ることはなかった。

原は官制改正で朝鮮総督・台湾総督の任用範囲を拡大したうえで、朝鮮総督には海軍大将の斎藤実《まこと》を充てた。軍人が朝鮮総督を務めることは継続しつつ、それまでと異なり陸軍ではなく海軍から起用した。台湾総督は、田健治郎《でんけんじろう》が起用された。田は文官だが、陸軍長老の山県系の人物だった。

ワシントン会議に加藤友三郎海相が全権委員として臨むことになると、原は代行して海軍大臣の事務管理をおこなった。文官の軍部大臣就任という大きな問題に関わることである。

ただ原はそれを正面から提起して断行しようとするのではなく、海軍大臣の国際会議出席に伴って生じる必要な措置として、つまり軋轢が小さくなるようなかたちで取り組んだ。根回しや妥協をしながら、一歩ずつ、慎重に、軍に対するコントロールを強化していった。

浜口の姿勢は、伊藤や原とは異なった。前もって慎重に配慮や根回しをするというのではなかった。ロンドン海軍軍縮条約の調印・批准をめぐって、自身が正しいと考える方針を力強く推し進めた。同時に、事態が紛糾し始めてからは、情勢を見ながら打つべき手を打ち、議会での発言内容に気をつかうなど無用な波風は避けようとした。そして肝心なところでは断固たる態度を示し、不退転の決意で反発の動きを抑え込み、条約の批准に至った。政治指導者として、あるべき姿なのかもしれない。

ただ、浜口の総じて強硬な態度を前に、敵対する勢力も増強されていった。野党の政友会であり、海軍内の条約反対派であり、広い意味での陸海軍横断的な政治勢力としての軍である。枢密院や右翼もそれに加わった。もともと一九二〇年代を通じて軍縮が時代潮流でありつつ、軍や国防問題に関する強い言葉の応酬がなされていた。そこに、浜口がロンドン海軍軍縮条約問題において力強く方針を貫徹し、反動で軍をめぐる対立が深まった。

しかも浜口は一九三〇年一一月に狙撃されて重傷を負い、やがて退陣せざるを得なくなった。後を引き継いだのは、若槻礼次郎である。若槻は浜口と違って、強力にリーダーシップを発揮するタイプではなかった。

一九三一年九月、満州事変が発生する。若槻内閣は満州事変の拡大を食い止めることができず、また日本国内の風潮は対外強硬論の方に振れ、日本は軍国の時代を歩んでいくことになる。

第6章　国際社会との対決

1　満州事変――日本の岐路

進路変更の可能性と不可能性

一九三一年に満州事変があり、日本は一九三三年に国際連盟の脱退通告をした。その後ワシントン海軍軍縮条約の破棄を通告し、第二次ロンドン海軍軍縮会議も脱退した。そして日中戦争が起き、世界では第二次世界大戦が始まり、日本は日独伊三国同盟を結び、太平洋戦争へと向かう。一九三一年以降、日本は国際社会との対決と戦争の道をまっすぐに歩み続けたようにも見える。

ただ実際には、満州事変の段階で日本がいきなり国際社会と決定的に対立したわけではない。日本は満州事変に関して、国際連盟から脱退しない対応もあり得た。また、国際連盟を抜けたらそれで国際社会との縁が完全に切れるということでもない。依然として他国との外交関係はあり、諸種の国際的な協力の枠組みにも日本は残っていた。

中国情勢に関しても、満州事変の軍事行動は一応ある段階で止まっている。満州事変があってそこから連続的に日中戦争が起こったというものではない。間に紆余曲折はあった。日中戦争をめぐっても、事態収拾の取り組みがなされた。

つまり、満州事変、国際連盟脱退、日中戦争、太平洋戦争、と定められた方向に一直線に向かったわけではない。近年の歴史研究はそうした議論の方が主流で、いろいろな可能性が模索されていたこと、そのときどきに相応の考慮がなされたことが論じられている。

たしかに満州事変以降、ある場面で、ある時点で、事態の収拾や方向転換が図られた例は多々ある。しかしながら、歴史的経緯と一九三〇年代から四〇年代にかけての日本の国内外の状況をふまえれば、やはり大局的には、満州事変からの展開は一連のものとして生じていたように思われる。抗いがたい流れ、変更困難な進路が存在したのである。

日本と満州

まずもって巨視的に捉えなくてはならないのは、満州をめぐる歴史的蓄積である。満州は、もともと日本と特に関わりがあったわけではない。明治維新を経て近代化していくなかで東アジアにおいて日本が注視していたのは、琉球や朝鮮である。そして朝鮮をめぐって、日清戦争が起きた。

日清戦争では、遼東半島を含む南満州が戦場になった。しかも日本は講和条件として遼東半島の割譲を要求し、認めさせた。そのように日清戦争を機に、日本と満州との関わりが生じた。ただし三国干渉があり、日本は追加の償金を受け取って遼東半島を清に還付した。そこでいったん日本と満州の関係は切れたはずだったが、数年後に再び関わりが生じてくる。中国分割の流れのなかで、ロシアが旅順・大連租借権や南満州の鉄道利権を得る。日本側はそれに合わせて、ロシアは満州、日本は韓国（朝鮮半島）というように進出先をすみ分けようとした。

北清事変を機にロシアが満州を軍事占領し、なかなか撤退しなかったことで、この満韓交換方式の土台は崩れる。また日英同盟締結過程において日本政府内では、ロシアの満州領有は韓国独立の危機でありしたがって日本の危機であるという論理が確立した。満州と韓国と日本の命運が、結びつけられた。

その結果、日露戦争においては、日清戦争のときと異なり初めから満州が大きな焦点となっていた。日本と隣接している朝鮮半島、そして朝鮮半島と隣接している満州方面を安全な状態にしておきたいというのが日本政府の考えだった。戦闘の大半は、満州でおこなわれた。ポーツマス条約で日本はロシアの南満州利権を獲得し、さらに清やロシアとの間で満州に関する取り決めを結んでいった。

一九一二年には、第三次日露協約が結ばれる。南満州に加えて東部内蒙古も日本の勢力範囲ということになった。満州と(内)蒙古が結びつけられ、「満蒙」という表現が日本国内で定着していく。

満州にしても満蒙にしても、言説上の概念という面が多分にあった。指し示す地理的範囲は明瞭でない。日本との歴史的な関わり方も日本が実際にいかなる権益を有しているかも濃淡ある。そうしたものを、南満州、満州、満蒙などと一括して捉えていく。そのうちに、総体として日本にとってきわめて重要で絶対に手放せないと思い込んだ。

日露戦争以降、日本では満州をめぐってさまざまな論理が存在した。遼東半島はもともと日清戦争の結果として日本の領土になるはずだったのだ、と主張されることもあった。日露戦争で多大な犠牲を払って得た土地であるとも位置づけられた。後年には、日本が発展していく先は満蒙しかないとか、満蒙が日本の生存を支えると論じられた。論理は多様だが、結論は同じだった。満州・満蒙を手放してはならない、ということである。外交上の焦点として交渉が重ねられていくことで、こだわりはさらに増した。

満蒙をめぐる決意と現実

一九三一年一月、元外務官僚で満鉄（南満州鉄道株式会社）理事・副総裁の経験があり、このときは政友会の衆議院議員であった松岡洋右《ようすけ》は、議会において、満蒙問題は我国（民）の生命線であると論じた。それは、一部の者のみが唱える極端な考えではなかった。右に述べてきたように、日露戦争以降の歴史的蓄積により、日本の政府も軍も世論も、満州・満蒙を絶対に手放さないのだという主張を確立していた。

しかし内蒙古や北満州は無論のこと、南満州にしても、日本の領土ではなかった。関東州租借地や南満州鉄道、そのほかの諸権益が存在していたにすぎない。日本が政府も軍も世論も手放してなるものかと思っているその決意、あるいは満足できるラインの高さと、日本が実際に有している権益や根拠が、アンバランスであった。

松岡洋右（1880～1946）

しかも、第一次世界大戦後の世界と東アジアの変容は、日本に厳しい現実をもたらした。日本を含む諸列強が集団で中国を抑圧する体制は、もはや崩れている。そして一九二〇年代後半から三〇年代にかけて、北伐を実施し中国を統一した国民政府は帝国主義的権益や不平等条約をめぐって強硬な姿勢で外交に臨む。中国ではナショナリズム・反帝国主義が高揚し、そうした波は満州にも及んだ。ソ連も、勢力を伸ばしてくる。満州・満蒙に関する日本の立場は不安定になっていた。

後述のとおり、満州事変自体は日本の出先の軍隊が暴走して起こったものである。ただその背後には根本的に、日本側の満州・満蒙を固守しようとする決意が容易には満たされないという問題が存在した。

高まる強硬論、煽られる外交

プロの外交の世界に限定して考えても、日本は難局に直面していた。満州・満蒙をめぐる日本の主張は通りにくい状況になっていた。

日本政府は、満蒙地域を影響下に置こうとする方針を改めていない。その決意は、累次の外交交渉と政府方針の決定を通じて強化されていた。

一九一五年の南満州および東部内蒙古に関する条約によって関東州租借地や南満州鉄道の年限問題はひとまず解消されたものの、それで終わりではない。一九一六年に成立した寺内内閣は、中国における優越的地位の確保と満蒙の特殊利益の拡充を目指す方針を定めた。一九一七年にアメリカとの間で結ばれた石井・ランシング協定では、日本が地理的近接性に基づき中国において有する特殊利益が認められる。「特殊利益」が何を指すのかは定かでなかったが、ともかく、地理的近接性に基づく特殊な関係という論理が設定された。そして原内閣期には、満蒙は日本の領土と接壌し、日本の国防および国民の経済的生存上、至大緊密の関係を有すると位置づけられた。

満蒙を特別視する日本の立場は以降も続く。現実の情勢との間でいかにして折り合いをつけるのか。それだけでも難問だった。

しかも実際には、外交はプロの世界で完結しなくなっていた。既存の国際秩序への不信感や対抗心が日本国内に根づき、対外強硬論が勢いを増し、外交は煽られた。

日本では伝統的に、外交担当者とそれ以外の人々との間で大きな対外認識の差があった。民間で強硬論が高まり政府が批判されることも珍しくなかった。ただ、日本外交を導いていたのは経験を積んだ政治指導者や有力外交官たちだった。彼らは基本的に、既存の国際秩序に対して信頼感があった。そのなかで日本は十分に発展していけるとも思っていた。

ところが、満州事変以降の日本外交は様相が変わる。一九三二年八月、斎藤実内閣の内田康哉外相は衆議院で満州事変および三月に建国が宣言された満州国の承認について、次のように述べた。

内田康哉（1865～1936）

「我が国民は、只今《ただいま》森君の言われました通りに、此《この》問題の為には所謂《いわゆる》挙国一致、国を焦土にしても此主張を徹すことに於ては、一歩も譲らないと云う決心を持って居ると言わなければならぬ。此国民の決心の下に、我が公明正大なる態度を主張し、其主張を維持すると云うことに於て、私は何も懼《おそ》れる所はないと思う」。

この発言の真意自体は、判然としない。やりとりの流れとしては、まず、内田が満州国承認の決意を語った。それに対し政友会の森恪《かく》が、満州国承認は当然として、政府はその真の意義を認識しているのか、単に技術的・法律的に捉《つとむ》えているのではないか、と迫った。森は、田中義一内閣期に外務政務次官を務め、中国・満蒙に関して強硬外交を推進した人物である。森によれば満州国の承認とは、従来は追従第一であった日本の外交が自主独立になったことを世界に宣告するものだった。長年模倣してきた西洋の物質文明とたもとを分かち、伝統的日本精神に立ち返り、東洋本来の文明と理想に基づいてアジアを守るということでもあった。

内田は、そうした森の持論には深入りせず、満州国承認に伴う国際情勢の変化とそれへの対策に関する質問に答えた。その一部が、右の発言である。日本の行動は適法であって問題ない、という議論を繰り返したのであり、森の追及を受け流したともいえる。しかしいずれにせよ、国民の決心と政府の方針を重ね合わせ、日本の正しい主張を世界は是認するだろう、是認させなくてはならない、と論じている。自らの正義を高唱しそれを世界で貫こうとする姿勢は、満州事変を機に、日本の政府においても世論においても顕著に見られた。

日本は満州国を承認し、松岡洋右が全権として国際連盟に臨む。松岡は繰り返し熱弁を振るい、日本の正当性を主張した。そしてリットン調査団の報告をもとにした勧告が総会で採択されると、宣言書を読み上げて議場を去った。日本はまもなく、国際連盟の脱退通告をおこなう。松岡自身は連盟脱退を回避する道を探っており、それが果たせなかったのであるが、帰国した松岡は日本で歓呼して迎えられた。

軍国の時代

一九三〇年代の日本の変化は、政治指導体制においても生じていた。軍が台頭し、首相を中心とする内閣が統一的に国策を決定していくあり方がゆらいだのである。

もともと軍は、内閣の統制を受けていた。たしかに、軍は国家のなかの重要な機構であり、影響力があった。日清戦争や日露戦争といった重大な戦争を短期間で経験し、軍の発言力が増した面もあった。山県有朋や桂太郎のように、政治指導者として有力な地位を築きあげた

守れ満蒙帝國の生命線

日本民族の血と汗の結晶！特殊權益

炳として存在する各條約

斷じて侵害を許さず

満州事變の導火線

何故日本は起つた？

權益蹂躙と排日

この暴戻の事實を見よ

誘因

遠因

關東州の租借

南満洲鐵道經營

満州事変記事（『東京日日新聞』1931年10月27日夕刊）

軍人もいる。陸軍出身者では寺内正毅、田中義一、海軍では山本権兵衛、加藤友三郎も一九二〇年代までに首相を務めた。

しかしながら、軍事は単独では成立し得ない。財政や外交と密接に関わる。したがって、折衝や統合を必要とする。国政を統合していたのは、首相であり内閣である。軍は、首相を中心とする内閣が国政を運営するという基本的な構造の枠内にいた。

しかも一九二〇年代は軍縮の時代であり、軍は守勢に立たされた。そこから、一九三〇年代に反転した。

大きな契機となったのは、満州事変である。満州事変を境に潮目が変わった。軍が国政を掌握したということではなく、軍、とりわけ陸軍の力が肥大化し、国政に関わる諸機構・諸アクターのバランスが崩れ、統合不全が常態化した。

軍が影響力を強めていくなかにおいては、しばしば統帥権の概念が振りかざされた。ロンドン海軍軍縮条約に関して統帥権干犯批判がなされ、同条約自体は批准までたどり着いたもものの、それを機に統帥権という概念の重みが増した。軍が組織的・恒常的に統帥権の概念に依拠して勢力を拡大したのではないが、軍（の一部）の意向を押し通し、あるいは軍にかかる制約を払いのける武器となった。

また一九三〇年代の日本では、テロやクーデター（未遂）が続発した。ロンドン海軍軍縮条約をめぐって激しい対立が生じるなかで、浜口首相が銃撃された。五・一五事件では犬養毅首相が海軍の将校らに暗殺される。陸軍将校・下士官が軍の部隊を率いて起こした二・二六事件では、高橋是清蔵相（元首相）や内大臣の斎藤実（前首相）が殺害された。ほかにも、陸軍のクーデター未遂の三月事件や十月事件、多数の暗殺目標が設定され実際に前蔵相の井上準之助《じゅんのすけ》と三井合名会社理事長の團琢磨《だんたくま》が殺害された血盟団《けつめいだん》事件などがあった。

すべて、一九三〇年代に起こったできごとである（巻末年表参照）。暴力によって世の中に衝撃を与えよう、ものごとを動かそうとすることが横行した。有力な指導者が殺害されるとともに存命の指導者への圧力ともなり、軍の存在感が高まる要因となった。

五・一五事件を受けて、元老・西園寺公望は政党内閣を続けるのではなく海軍長老の斎藤実を首相とする挙国一致的内閣を選択する。結局その後、政党内閣が復活することはなかった。二・二六事件後に広田弘毅《ひろたこうき》内閣が組織される際には、陸軍は陸軍大臣のみならずほかの大臣の人事にも介入した。

その間、政党人、議会人のなかに軍に抵抗した者が皆無だったわけではない。ただ、政党が一致団結して軍の台頭を阻もうとするといったことはなかった。統帥権干犯問題を積極的に提起したのが政友会であるように、軍の台頭を後押しすらしていた。軍との関係に限らず、政党間あるいは党内の政争が優先され、政党政治の基盤を掘り崩していた。

有力新聞などの世論は、一九二〇年代には軍に対して批判的な意見が主流だった。しかし満州事変を機に、反対の方に振れる。軍の論理を是認し、対外強硬論を唱え、軍事行動を後押しした。

国民も、政党を擁護して軍と対抗するなどということはなかった。むしろ政党は不信感を抱かれていた。報道の影響もあり、政党ないし政党政治に関して、腐敗、不正、スキャンダル、無秩序といったイメージは強かった。そうした背景のもとで、既存の政治体制や支配層への批判意識からおこなわれたテロに対する社会的な非難は徹底せず、同情さえ寄せられた。

一言で「軍」といっても、陸軍と海軍がある。また陸軍のなかにも海軍のなかにも複数のグループがあり、世代の違いなどもある。軍が一枚岩の組織として日本を特定の方向に導いたわけではない。ただそれは前提としつつ、一九三〇年代に全体として軍の存在感や影響力が高まった。

振りかざされる「天皇」

統帥権の話などからわかるように、軍の台頭は、天皇の位置づけの変化と関わりを持っていた。天皇の絶対性が強調されることで、そこに直属している軍の発言権も強まるといった構図である。

もともと天皇は、実際のあり方は立憲君主であり、憲法の制約を受ける存在だった。また少なくとも明治天皇や大正天皇は総じて消極的・受動的に権力を行使していた。しかし国家のタテマエとしては、天皇を頂点として国家がつくられている。いうまでもなく天皇は尊い存在とされていたのであるし、天皇と人々との結びつきや天皇への忠義を確認する機会は多々あった。

そうしたなかで一九三〇年代に、統帥権干犯問題があり、天皇機関説事件もあった。長年、天皇は国家の機関として存在するというのが憲法の正統的解釈であり、実態もそのようになっていた。ところが一九三五年、天皇の神聖性や超越性を高唱する立場からの天皇機関説批判が議会で生じ、岡田啓介《けいすけ》内閣は天皇機関説を否定し排斥する声明を発した。

天皇中心のあるべき姿に国家をつくり直すと訴えてテロやクーデターに走る者も続出した。血盟団事件も、五・一五事件も、二・二六事件もそうであった。政党や財閥、既存の支配層は腐敗している。国や政治をゆがめている。本来日本は天皇を頂点として国民がみなそれに従うかたちであるはずなのに、間に入って牛耳っている者たちがいる。それを取り除くのだ、という理屈である。

生身の天皇自身、つまりこのときは昭和天皇だが、昭和天皇は天皇機関説の排斥もテロやクーデターも望んでいない。二・二六事件の際には、反乱軍の行動を正当化するような動きが軍内にあるなかで、昭和天皇は重臣などが殺害されたことに怒り、クーデターの鎮圧を強く求めた。しかし、生身の天皇自身がどう思っているかというのとは別のところで、観念としての「天皇」を掲げて何かを主張するとか行動するといったことが、横行していた。

満州事変勃発

以上をふまえたうえで、満州事変の展開を見ていく。満州事変は、一九三一年九月に起こる。そこに至る背景はまず、すでに述べたように、日本は満州・満蒙を重視し、絶対に手放さないという構えだった。しかし現実には、日本の満州・満蒙権益はゆらいでいた。危機感を抱く者は、少なくなかった。

また中国や満州では、日本が関わるさまざまな問題が発生した。満州事変の直前でいえば、陸軍参謀本部の中村震太郎大尉が、満州の張学良配下の軍に殺害された。満州に入植した朝鮮人と中国人との紛争である万宝山事件も起こっている。そうした事件や紛争のたびに、日本国内で強硬論が唱えられた。

満州をめぐる右のような構造的問題以外では、世界恐慌が日本の経済や生活にも影響を及ぼし、対外強硬姿勢を下支えしていた。あるいは、満州事変を主導した陸軍の石原莞爾《いしはらかんじ》は、満州を確保することによってさらなる大戦争に備える考えがあった。

満州事変を引き起こしたのは、出先の軍隊、関東軍である。南満州鉄道の線路を爆破し、それへの対応という名目で軍事行動を始めた。そこにさらに、朝鮮にいる日本の軍隊も加わった。関東軍はいうまでもなく、朝鮮軍の動きも独断である。

満州事変勃発に際して、日本政府は不拡大方針だった。出先

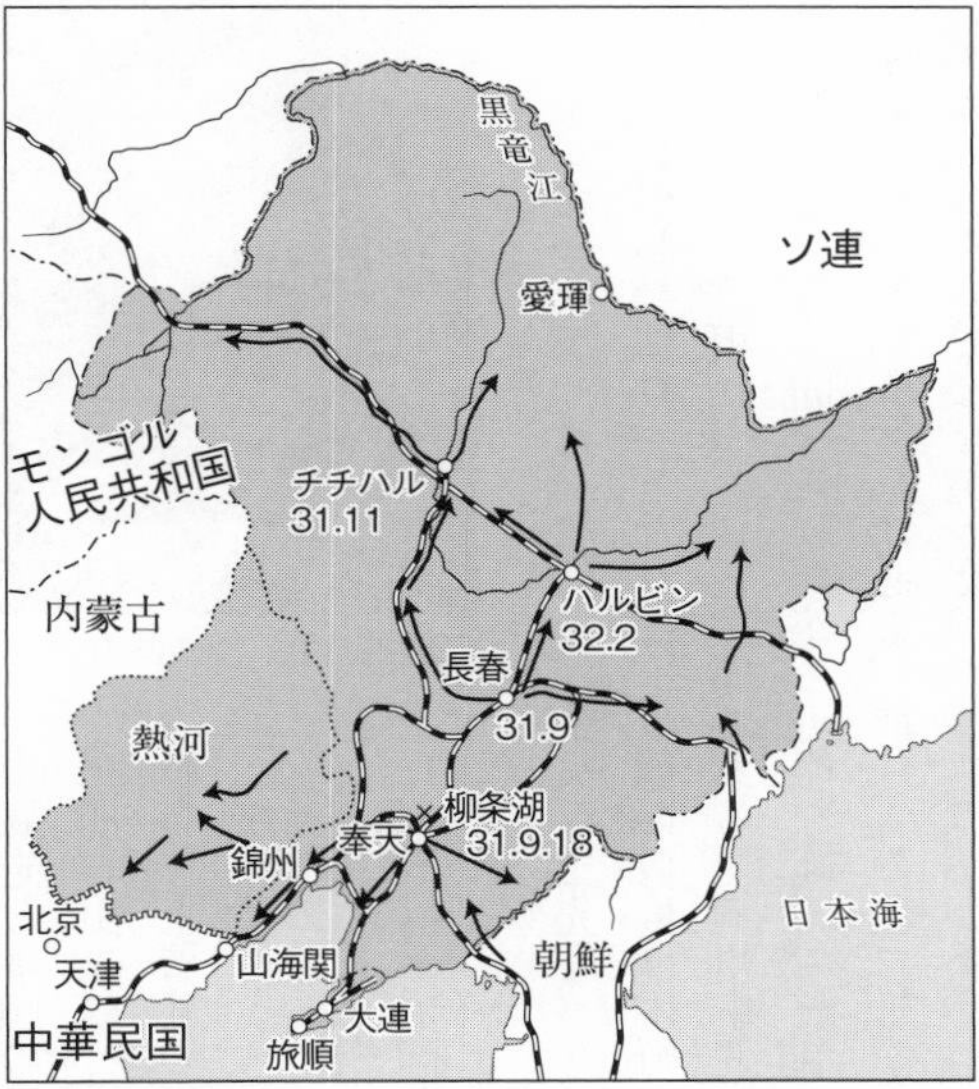

満州事変地図
『新選日本史B』（東京書籍、2022年）所収地図をもとに作成

の暴走と事態の拡大に歯止めをかけようとした。しかし結局、出先の行動に引きずられていく。日本政府や陸軍中央・上層部の意に反して戦線は拡大され続け、日本軍は数か月のうちに満州主要部を制圧することとなった。

そこでは三重のコントロール不全が起きていた。第一に、政府・内閣が軍をコントロールできなかった。第二に、軍のなかで上層部が下の者たちや若い者たちをコントロールできなかった。出先に軍隊があり、それが勝手に動くとなれば、事態の収拾は困難だった。

若槻礼次郎（1866～1949）

このときの首相は、若槻礼次郎である。満州事変への対応において若槻は、よくいえば、陸軍側の言い分も聞き入れながら可能な範囲で統制を及ぼそうとした。悪くいえば、軍に対して弱腰だった。いずれにせよ、前任者の浜口雄幸のように断固たる態度で自己の考えを貫徹するというのではなかった。

若槻に強い姿勢や決意さえあればそれで状況が好転したかは定かでない。統制に服そうとしない出先部隊を抑え込むというのは、難題だった。ただ結果からいえば、出先の独断の軍事行動を追認して予算措置をとるような妥協的対応のもと、事態は拡大した。事変が続くなかで一九三一年一二月、閣内・党内に亀裂が生じた若槻内閣は退陣し、政友会の犬養毅内閣が成立する。

聯盟よさらば！遂に協力の方途盡く

總會勸告書を採擇し
我が代表堂々退場す
四十二對一票、棄權一

支那側勸告受諾
第六項の權利强調

けふ閣議で正式に
脱退方針を決定
聯盟離脱の最終手續

国際連盟脱退（『東京朝日新聞』1933年2月25日朝刊）

国際連盟脱退

満州事変に関してヨーロッパの大国などは当初、介入に及び腰だった。自衛行動という日本の主張には、一応理解が示されていた。しかし、日本の軍事行動が継続・拡大するなかで、国際的な非難が高まってくる。

そして一九三二年、国際連盟のリットン調査団が派遣される。リットン調査団が出した結論は、日本を非難している一方で、すべて日本が悪いと断じていたのでも、完全に満州事変前の状態に戻すといった勧告をしていたのでもない。日本の立場に配慮していた面もあった。しかし日本は、一九三二年九月に満州国を承認し、前述の決裂の道を進む。一九三三年三月、国際連盟の脱退通告をおこなった。

一九三三年五月に停戦協定が結ばれ、満州事変の軍事行動は一応終結する。また、国際連盟を抜けるといっても、諸外国との関係が切れるわけではない。そもそも連盟脱退通告の背後には、日本軍がさらなる戦線の拡大を図る状況において、国際連盟の制裁措置を回避するという外交的判断もあった。一九三三年九月から斎藤実・岡田啓介両内閣で外務大臣を務め、一九三六年の二・二六事件後には首相となった広田弘毅は、諸外国との関係改善に取り組んだ。

ただそれでは、停戦協定が結ばれて軍事行動が止まり、国際連盟を抜け、日本が諸外国と安定的な状態を維持できるかといえば、それはきわめて困難だった。満州事変勃発からの国内外の状況をもう一度確認すれば、出先の軍が勝手に行動を起こし、政府は止めようとしたものの止められず、出先に引きずられた。統一的な国策決定・実行というあり方がゆらいでいた。そして日本は満州国を承認し、国際連盟の脱退を表明する。国内では、新聞論調や国民の雰囲気が対外強硬論の方向に振れた。テロやクーデター、クーデター未遂もあり、軍の存在感が増していく。

外交部門は、制約を受けていた。軍の、また国内の対外強硬論の圧力にさらされていた。もっとも、非力であるがゆえに不本意にも国際協調路線を貫けなかった、ということでは必ずしもない。外務省内でも、欧米諸国を排除してアジアにおける優越的地位や中国との特殊な提携関係を築こうとする志向が根づいていた。

その状態で、国内外の要求をうまく調和させ続けるのは、まず不可能だった。満州事変があったから自動的に日中戦争が発生したわけではないが、満州事変を発生させそれを止められなかったような国内外の状況は、必然的に次なる戦争をもたらすことになる。

2　日中戦争から太平洋戦争へ

日中間の戦争の始まりと拡大

満州事変に関しては停戦協定が結ばれ、紛争処理・情勢安定化のための日中間の折衝もなされた。とはいえ、事態が長く落ち着くはずはなかった。満州事変後も当然、現地の事件や紛争は発生する。それを重大問題化させずに処理し続けるのは困難だった。

さらに、一時的に止まることはあっても、根本的に、どこまで進めば満州や中国への進出が終わるという基準がなかった。停戦協定締結以降も、日本側は華北分離工作などさまざまな取り組みをおこなった。支配領域を拡張しようとする動きは、無限に生じた。しかも満州事変によって、大規模な軍事行動という選択肢も排除されなくなった。

一九三七年七月に日本軍と中国軍が衝突する盧溝橋《ろこうきょう》事件が発生し、当初は局地的な紛争として処理が図られたが、やがて日中間の全面戦争となった。宣戦布告はなされていないが、事実上の戦争である。

戦線は次々に拡大していった。そして、戦闘が続きながらも軍事的には日中どちらも勝利を決定づけることができない、膠着状態となる。さまざまなかたちで政治的・外交的な解決が図られたが、実現しなかった。

近衛文麿と日中戦争――「英米本位の平和主義を排す」の発想

日中戦争勃発時の日本の首相は、近衛文麿である。近衛は一九三七年九月、議会において、排日的方針をとる中国に日本が一撃を加える決意をしたのは自衛のためのみならず正義人道の上から見てもきわめて当然である、と論じている。同月の国民精神総動員大演説会では、世界不安の根本的原因は国際正義が十分に実現されていないところにあり、日本の行動の本質は真の国際正義を主張するものであると訴えた。日本が正しい、その正しい主張を中国や世界に受け入れさせなければならないという議論である。近衛の発想は、「英米本位の平和主義を排す」のときから変わっていなかった。一九三八年一月には中国側との和平交渉を打ち切り、「国民政府を対手とせず」との声明を発した（第一次近衛声明）。近衛も外務大臣の広田弘毅も、戦争の拡大を防げなかったのみならず、自らの強硬姿勢によって事態の収拾を困難にしていた。

　近衛はその後、対中強硬姿勢は改めたものの、事態の収拾はうまくいかなかった。構造的に難しかった面も、ここぞというところで指導力を発揮できなかった面もある。陸軍内の統制がとれないことに近衛は不満を抱き、そのために問題の解決が困難になっていると見ていた。しかし、それも含めて首相たる自身がなんとかして事態を打開しなくてはならないという責任意識は稀薄《きはく》だった。

日中戦争地図（日ソ国境紛争も記載）
『新選日本史B』所収地図などをもとに作成

　一九三八年一一月、近衛は再び声明を発し、東亜新秩序の建設を表明する（第二次近衛声明）。国民政府の参加もこばまないというもので、第一次声明からは軌道修正していた。ただ、近衛は声明発表日のラジオ演説において、正義に基づく東アジアの新平和体制の確立を訴え、真に公正な均衡の上に平和を築くことが現下の世界において必要だと論じた。既存の国際秩序に対する不信感と対抗心は依然として強固であり、しかもそれが日本の実際の対外方針を基礎づけていた。日中戦争の展望が開けないまま、近衛内閣は一九三九年一月に退陣する。

近衛の議論は、近衛が首相の座を離れた後も日本政府内で受け継がれた。一九三九年一月、近衛内閣末期から引き続き平沼騏一郎《ひらぬまきいちろう》内閣で外務大臣を務めていた有田八郎は、議会において、「世界の恒久平和なるものは、人類親和の道義的基礎に立脚し、公正なる均衡を基調としてこそ初めて築き得らるるもの」と述べた。翌一九四〇年二月にも議会で、平和が保たれない原因は、人種、宗教、領土、資源、通商、移民などに関する国際間の不合理・不公正な現状が維持されようとするところに起因することが多いと論じたのだった。

引き続く戦争下の内外政

戦争が続くなかで、日本は総力戦体制を構築していった。一九三七年には戦時統制経済を推進する企画院が設置され、一九三八年には国家総動員法が制定された。

国家改造・新体制樹立の気運も高まってくる。中心的な人物となったのは、近衛である。

さまざまな勢力の期待を集め、指導者として担がれた。近衛を軸に体制変革を果たそうとする構想は途中で二転三転したが、一九四〇年に第二次近衛内閣が成立する。そして政党は解散し、大政翼賛会が結成された。

対外的には、少しさかのぼって一九三六年、日独防共協定が成立している。翌一九三七年には、イタリアも参加した。ただ、ヒトラー率いるドイツとの関係強化にさらに傾斜するのか、日本政府内では意見が分かれていた。

そうしたなかで一九三九年、ドイツは八月にソ連と不可侵条約を結び、九月にポーランドに攻め込み、英仏がドイツに宣戦布告をおこなう。第二次世界大戦の勃発である。ドイツは翌一九四〇年に急進し、六月までにフランスなどを制圧する。

日本は、平沼騏一郎内閣（一九三九年一月成立）、阿部信行《のぶゆき》内閣（同年八月成立）、米内光政《よないみつまさ》内閣（一九四〇年一月成立）と頻繁に内閣が交代した末、一九四〇年七月に右記のとおり第二次近衛内閣が成立した。外務大臣は松岡洋右である。そのもとで、九月に日独伊三国同盟が結ばれた。日本はドイツの勢いに期待していた。アメリカとの関係では、一九三九年七月に日米通商航海条約の廃棄をアメリカ側から通告され、一九四〇年一月に失効していた。

ソ連との関係は複雑だった。国境紛争があり、張鼓峰《ちょうこほう》事件（一九三八年）、ノモンハン事件（一九三九年）といった大規模な軍事衝突も起きた。しかしドイツとソ連の間で一九三九年に不可侵条約が成立し、日本も一九四一年四月、日ソ中立条約を結ぶ。このころから太平洋戦争末期まで、ソ連との提携論やソ連に期待をかける姿勢は日本側にたびたび見られた。もっとも、一九四一年六月には独ソ戦が始まっている。その直後、日本は対ソ開戦を見すえて関東軍の兵力を増強した。このとき開戦は実現しなかったが、日本とソ連は情勢次第でいつ敵対するかわからない相手同士だった。

太平洋戦争開始

すでに述べたように、日中戦争は膠着状態、泥沼状態である。中国に対する支援を断ちたい日本は、資源への期待もあり東南アジアへの進出を図る。一九四〇年九月、北部仏印(仏領インドシナ)に進駐している。ヨーロッパ諸国の植民地たる東南アジア地方は、ヨーロッパの戦況と連動して、必ずしも本格的に戦争をせずとも進出できた。ドイツへの便乗、日独伊三国同盟と南進という展開である。それに対してアメリカは日本に、屑鉄《くずてつ》の禁輸(輸出禁止)などの経済制裁をおこなった。

日本はさらに一九四一年七月、資源を確保するのと中国への支援のルートを断つため、南部仏印進駐をおこなった。するとアメリカは、在米日本資産凍結・対日石油禁輸の措置をとった。東南アジアに植民地があるイギリスやオランダも共同歩調をとっている。戦争を遂行するうえでの必需品である石油について輸入に大きく依存していた日本は、何らかの決断を下す必要に迫られ、対米開戦に至ることになる。

つまり南部仏印進駐は、結果的に対米開戦をもたらす大きな転機になった。しかし南部仏印進駐をした時点で、日本政府は対米開戦を決意していたわけではない。アメリカ側の対応に関して、楽観的な見通しを持っていた。また東南アジア進出は総じて、ヨーロッパでドイツが勢いづいているのに便乗（しようと）した面があった。日本政府・軍のなかには対外膨張やいずれかの国との対決のプランがいくつもあり、整理されないままにそれらが追求された。

当時の首相は、近衛文麿である。近衛自身は、アメリカと戦争をしたかったわけではない。むしろ避けようとしていた。ただ、対米戦回避の方向で政府内をまとめることはできなかった。

一九四一年一〇月、近衛内閣は退陣し、近衛内閣で陸軍大臣を務めていた東条英機《とうじょうひでき》が首相となる。アメリカとの交渉において最大の焦点となるのが中国方面で日本がどのような対応をとるのかということであり、その問題の当事者が陸軍だった。しかし結局、対米開戦以外の展望が開けることはなく、アメリカとの交渉も決裂し、一二月に太平洋戦争が始まる。アメリカがイギリスなど連合国の一員として日独伊と戦うこととなり、第二次世界大戦はまさに世界大での戦争となった。

相手国が強大というのは、日露戦争もそうである。時間が経てば軍事バランスが相手に有利になるため戦うなら今だ、との開戦に向かう同種の理屈もあった。ただ日露戦争時は、首相の桂太郎や外務大臣の小村寿太郎が、明確な意思をもって開戦を主導した。また外交部門も軍事部門も、どうすれば優勢な状態で講和に持ち込むことができるか、いかなる条件で講和が成立し得るか、当初から具体的に考えていた。しかも日英同盟があり、アメリカもおおむね日本に好意的だった。

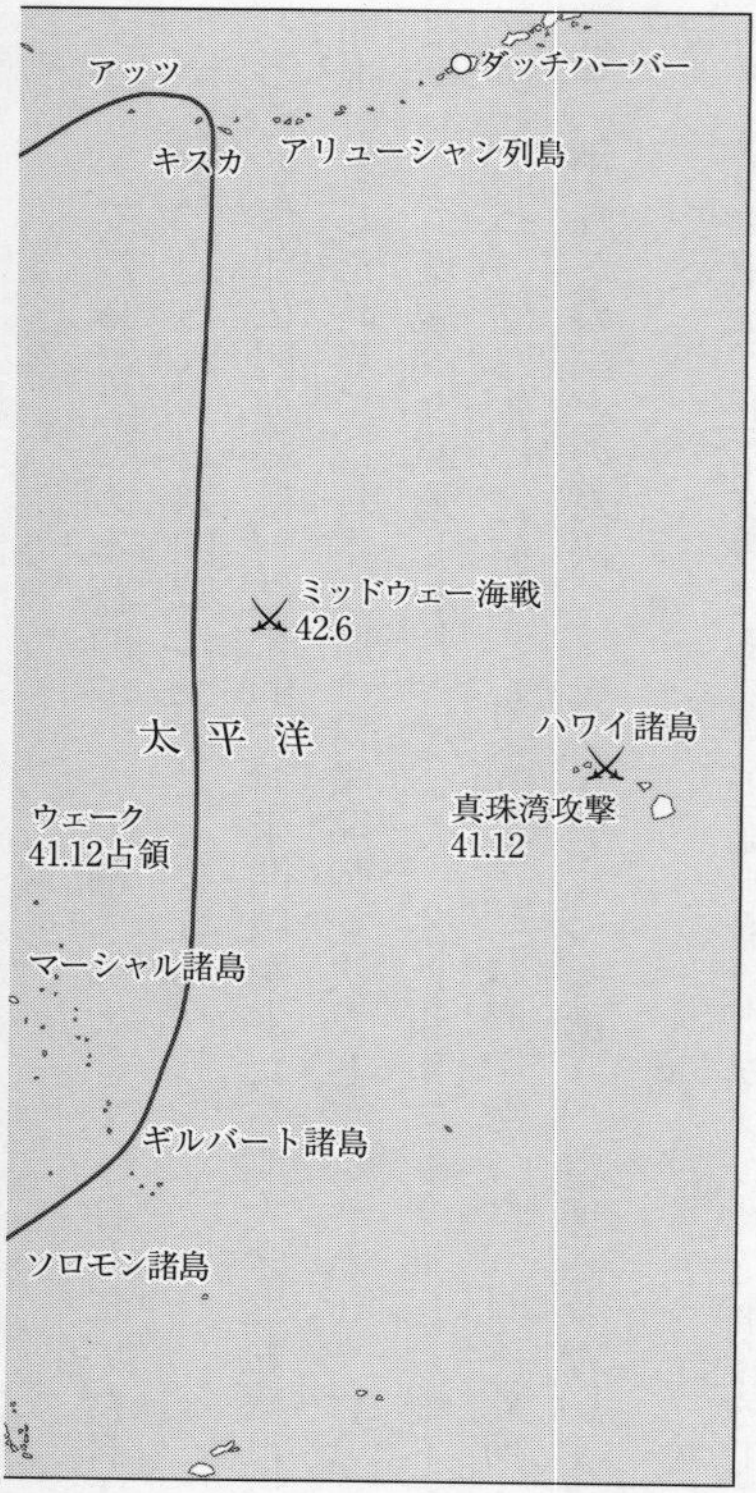

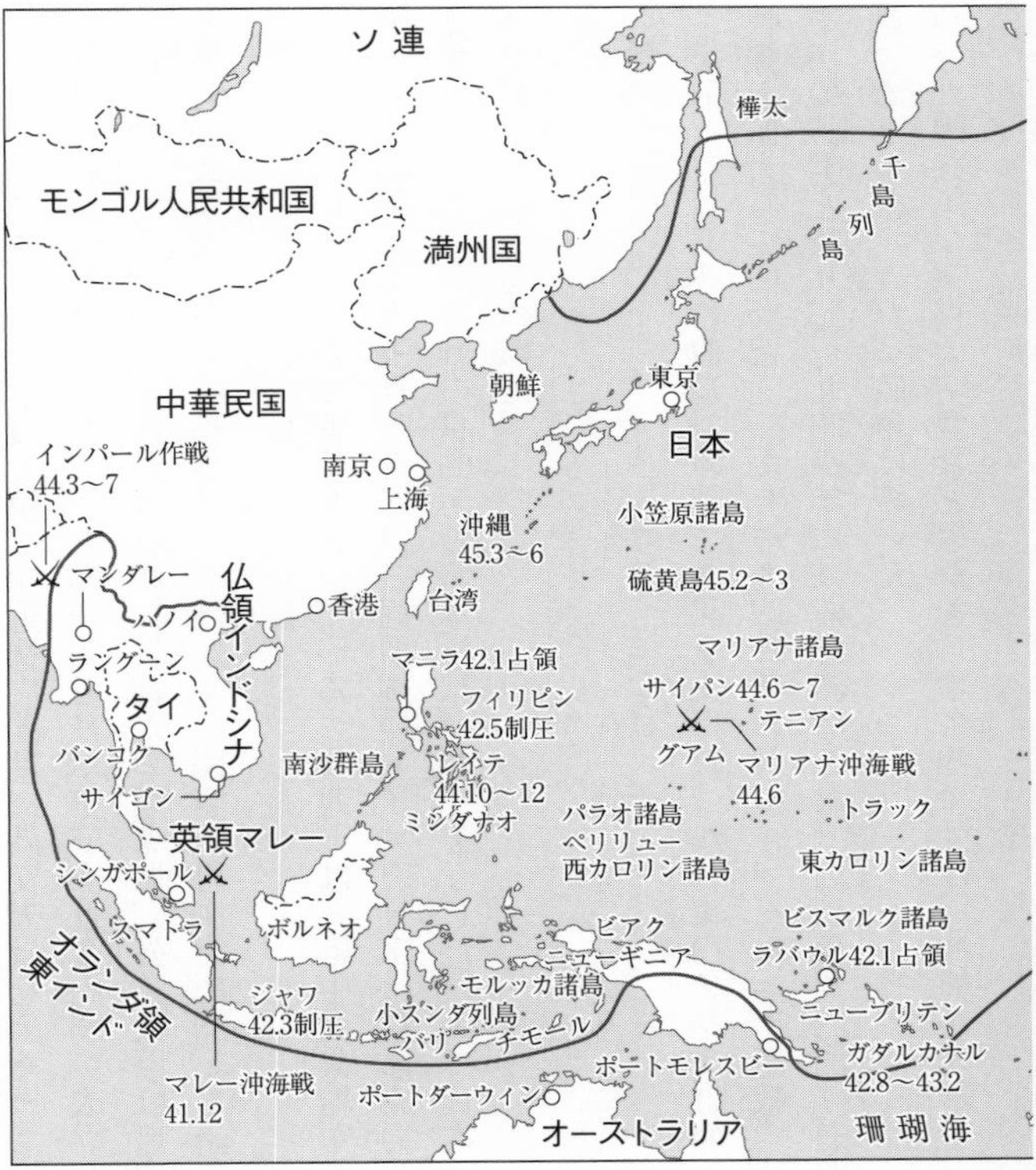

太平洋戦争地図
吉田裕『日本軍兵士』（中央公論新社、2017年）巻頭地図などをもとに作成

それに対してこのときは、第二次近衛内閣期に外交方針をめぐって松岡外相が周囲と対立を深め、松岡を外すかたちで一九四一年七月に第三次近衛内閣が成立し、豊田貞次郎《とよだていじろう》が外務大臣となった。さらに一〇月に首相は近衛から東条に、外務大臣は豊田から東郷茂徳《とうごうしげのり》に代わる。対外政策を一貫して指導する者はなく、国家意思決定に関わる諸集団の考えもバラバラだった。

長きにわたる中国との戦争が続いている。ソ連とは一応中立条約を結んでいるものの潜在的に緊張関係にある。期待をかける同盟国のドイツと日本は真に協力して戦争を遂行する構えではない。それぞれの目的・戦略本位だった。そうしたなかで日本は、アメリカやイギリスを相手に戦争を始めた。

敗戦

開戦当初、日本は真珠湾攻撃で戦果をあげたほか、東南アジア方面の戦闘で勝利を重ね、戦線を拡大していった。しかし一九四二年六月のミッドウェー海戦で敗れ、長期戦化する。やがて劣勢となり、一九四四年には敗色濃厚となった。東条内閣は退陣し、講和を模索する動きもあった。ただ、戦争は続いた。

一九四五年、東京大空襲など爆撃を日本各地に受け、沖縄が陥落し、ヨーロッパではドイツが降伏する。もはや日本に勝ち目はなかった。それでもなお、日本は降伏という決断には至らなかった。いくつか理由はあるが、国体護持、つまり天皇を中心とする政治体制の維持には強くこだわっていた。

七月に日本への降伏勧告であるポツダム宣言が発せられたが日本政府はすぐには受け入れず、八月、広島・長崎に原爆が投下され、ソ連が連合国側に立って参戦した。そこで、国体護持の保証などをめぐって日本の指導者内の議論が続くなか、戦争終結に向けて重要な役割を果たしたのが昭和天皇である。

昭和天皇（1901〜1989）

八月一四日、ポツダム宣言受諾を決めた御前会議において昭和天皇は、「明治天皇の遼東還付の御心」を偲《しの》びつつ戦争を終結に導こうと述べた。日清戦争時の三国干渉のことである。

ただ明治天皇の場合、勧告を受け入れる決定には関わっていない。勧告受諾を公表する際に天皇のメッセージとして発せられた詔勅も、当時の伊藤首相らが国内外への影響を考えてつくりあげた政治文書だった。そこに明治天皇自身の思いが込められたわけではない。

ところが昭和天皇は、国家意思決定の場で、戦争をやめようという意見を明確に示した。国民に詔書を出すことや自ら放送をおこなうことにも触れた。実際、そのように進んだ。昭和天皇はそれ以前にもたびたび重大な政治的行動をとっていた。そして敗戦受け入れをめぐり指導者たちが意見を統一して決定を下すことができないという状況において、天皇の踏み込んだ意思表明が必要とされた。

九月に降伏文書の調印がおこなわれ、日本は正式に降伏を受け入れた。

終章　近代日本外交の歩み

異なる道は

日中戦争、そして太平洋戦争の結末は惨憺《さんたん》たるものであった。周辺諸国・諸地域に多大な被害をもたらしただけでなく、日本のみでも三〇〇万人以上が死亡した。戦争に敗れ、多くの領土を失った。

さらにいえば、第二次世界大戦は今のところ最後の世界大戦であり、現代世界の秩序の基点となった。その大戦において、日本はドイツ・イタリアと組んで敗れた。影響は現在にまで及ぶ。わかりやすいところでは、日独伊は第二次世界大戦以前、いずれも国際連盟の常任理事国を務めたが、第二次世界大戦を経て成立した国際連合の安全保障理事会では常任理事国でない。

異なる道は、あり得ただろうか。どの時点でいかなる対応をとれば、別の展開をたどり得ただろうか。結びに、いくつか検討してみたい。

帝国拡大の力学

近代日本は弱肉強食の厳しい国際情勢に現実主義的に向き合い、国家の独立を目指し、その果てに対外膨張していったとの説が古くからある。しかし、幕末や明治初年はともかく日本が実際に膨張を続けていく明治中期以降に対外政策決定の中心に位置した人物たちの世界観を考えれば、そうした「独立を求めた末の対外膨張」という見方は妥当でない。

日本は一八九四年から九五年にかけての日清戦争で、台湾や澎湖諸島を得た。日清戦争後の中国分割時には、台湾対岸の福建不割譲要求をおこない、福建方面を勢力範囲と位置づけていく。また西・ローゼン協定を結び、韓国における商工業上の優越をロシアに認めさせた。一九〇五年には日露戦争を経て南樺太や満州権益を獲得し、韓国の外交権を掌握する。その後の対清交渉および日露協約によって満州権益の拡充を図り、さらに一九一〇年、韓国を併合した。一九一四年には第一次世界大戦に参戦し、山東地方と南洋諸島を攻略し、満州権益を強化した。南洋諸島については大戦中に確保に向けた外交上の行動がとられ、パリ講和会議を経て実質的に支配するに至る。一九一八年にはシベリア・北満州方面に大軍を送り込み、完全撤兵に時間がかかるなかで一九二〇年、尼港事件を機に北樺太を占領した。

明治〜大正期の外務省。立像は陸奥宗光

第3章で論じたように、右の期間において日本の対外政策を決定・遂行するうえで中心的な役割を果たしていたのは、外交担当者たちである。戦争に関する事柄でもそうである。日清戦争、日露戦争、第一次世界大戦はいずれも外務大臣が開戦に積極的であり、開戦後は戦争の対価を得ることに注力した。

外交担当者たちは、国際関係はもっぱら力が支配する世界だと考えていたわけでも、ここで判断を誤れば日本は滅亡するといった危機感に絶えずとらわれていたわけでもない。相応の利益や、すでにかけたコストに見合う対価を求めた。同時に、機を見て外交上の得点を挙げ、日本の立場を強めようとした。そして、論拠がある場合には利益を確保できる、あるいはしなくてはならないと考えた。利益、正当性、公平性といった日本外交の原則は、国際協調の契機でありつつ、帝国の拡大を牽引し続けた。

過去からの蓄積

第一次世界大戦を経て、世界的に軍事行動や版図拡大、異民族支配に対する非難の度合いが高まった。各国の力関係や国内状況も変わった。

日本は、そうした変化に順応しようとする。伝統的な日本外交は、正当性を強く意識しながら利益の確保を図っていた。したがって、国際秩序が変容するのであればそれに対応し、いかにして日本の主張を通すのか、また成功を収めるのかを考えた。

他方で、政策選択の幅を制約するような過去からの蓄積もあった。日露戦争以降、日本政府は累次の外交交渉と政府方針の決定を通じて満州ないし満蒙へのこだわりを引き継ぎ、さらにそれは強まっていった。この歴史的蓄積から逃れるのは、容易でなかった。政府も軍も世論も満州・満蒙を手放すまいと決意し、「満蒙は日本の生命線」と唱えられた末に満州事変が起き、日本は国際社会との対決に向かうことになる。

原敬内閣は、第一次世界大戦後の新たな秩序のもとで満蒙権益を確保すべく、論理を再構築した。その結果、満蒙権益は、国防および国民の経済的生存上の必要性という強固な論理に基礎づけられた。

原は満蒙を日本の関心の所在として強調することで、そのほかの部分での妥協や撤退を導いた。基本的に進行する一方だった帝国の拡大に、歯止めをかけた。ただ、後々の展開を知ったうえでの後知恵という面はあるが、秩序の変動期でなおかつ日本外交が指導力を伴って軌道修正されていた原内閣期は、満州・満蒙についてもより柔軟な政策選択に道を開く好機だったように思われる。

アウトサイダーの声

満州・満蒙をめぐる過去からの蓄積と、中国情勢の変動。一九二〇年代から三〇年代にかけて、それらに加えて日本外交を左右する大きな要素となったのが、国内の対外観である。そもそも明治時代以来、日本の世論は対外強硬姿勢の傾向が強かった。「民間の輿論《よろん》が常に強硬で、政府の政策が常に慎重であった」（清沢洌《きよさわきよし》『日本外交史』）などとされる。

ただ実際に日本外交を導いていたのは、経験を積んだ政治指導者や有力外交官たちだった。彼らは基本的に既存の国際秩序に対する信頼感を持ち、そのなかで日本は発展していくことができると考えていた。

ところが一九三〇年代には、日本外交は国内に渦巻く対外強硬論や国際社会への不信感に煽られていく。外務省内にもそうした発想が浸潤した面と、外交部門が部外者《アウトサイダー》の声に押された面と、どちらもある。

外交当局者《インサイダー》たちは伝統的に、外交をめぐる部外者《アウトサイダー》との感覚のずれを認識していた。明治日本の礎を築いた大久保利通を父に持ち、外交官出身で前年まで文部大臣を務めていた牧野伸顕は一九〇九年、次のように記している。「只困《ただこま》り候《そうろう》は日本世論之《の》外交事情に幼稚なることに有之《これあり》、当事者は其《その》世論之批判を受け候事故《ことゆえ》、張合い之足らぬ心持致《こころもちいたし》候。日本の外交は矢張り元老及《および》当局者が一番親切に心配致居《いたしおり》候様に有之候」（六月二六日、伊集院彦吉宛牧野書簡）。

陸奥宗光と周辺の人物たちは日清戦争後、外交に関する世論の啓蒙を目的とした雑誌、『世界之日本』を創刊した。『世界之日本』は、外交を支えるものとして重要なのは武力よりも「国民外交上の智識」であると説いた。しかしその数年前、陸奥は条約改正をめぐって秘密主義をとり、反対勢力を攻撃し、国内で真摯な説明には努めなかった。「国民外交上の智識」を涵養《かんよう》するような態度はとっていなかったのである。

外交当局者たちはしばしば部外者とのずれを感じ、問題視していた。ただそれは総じて当惑、軽蔑《けいべつ》、苛立ち、あきらめといったところにとどまり、ずれを埋める方向には向かわなかった。

パリ講和会議における人種差別撤廃問題のように、外交の不備が国内の対外観に悪影響を与えることもあった。すなわち日本は、確たる目標が定まっているわけではなく各国がどのように反応するかといった分析も不十分なまま、人種差別撤廃を提起した。そして結局、国際連盟規約の条項や前文に各国民平等・差別撤廃の文言を盛り込むことはできず、日本の主張を議事録に記載することになる。外交のプロの論理からすると、一応は次への足がかりも残り、手痛い失敗というほどでもなかったが、日本国内の受け止め方は違った。日本の当然の主張が受け入れられず後退を重ねたと印象づけられ、日本外交と国際社会への不満が溜まった。当時の原首相にしても牧野伸顕ら代表団にしても、外交がそのように国内に与える影響への意識は乏しかった。

日本外交と国際社会に対する理解や信頼を国内に根づかせるというのは、より真剣に取り組まれてしかるべき課題だった。

政治・外交の可能性

最終的に日本が国際社会との対決と戦争の道に進んでいく際の大きな特徴は、統合力の欠如であった。まず満州事変が、端的にその様子を示している。

出先の暴走や謀略的な対外膨張策は、近代日本においてそれほど珍しくもない。日清戦争後の閔妃殺害事件。北清事変時の厦門事件。辛亥革命および第一次世界大戦時の満蒙独立工作や反袁（排袁）政策。張作霖爆殺事件。満州事変以前にも、しばしば見られた。しかし、政府が止めようとしているにもかかわらず止まらず、事態が拡大し続けるというのは、過去に例がなかった。

日中戦争や太平洋戦争は、満州事変のように出先の勝手な行動によって始まったわけではない。ただやはり、開戦までの途上において、あるいは事態の収拾が図られるなかにおいて、政府内の指導者・諸勢力が意見の対立を調整できず、内部分裂のような状態になることがしばしばあった。

そうした意思決定システムの不全をもたらした背景は、いくつか考えられる。たとえば、指導者の不足である。一九二一年からの約一〇年間には首相の突然の退場が相次いだ。原敬と犬養毅は、在任中に暗殺された。浜口雄幸は銃撃されて重傷を負い、しばらくして亡くなった。加藤友三郎と加藤高明は在任中に病死した。有力な指導者がいなくなること自体も、またその後の権力継承が難しくなりがちという点でも、指導体制を動揺させた。

一九三〇年代、テロの標的となった人物は浜口や犬養以外にも多々いた。実際に指導者が落命し人材が失われるとともに、暴力の脅威は、上に立つ者が指導力を発揮すること、指導力ある者が上に立つことを阻害した。テロを生み、許容した社会のあり方には多様な要素が関わっており、その全貌を描くのは本書の射程を超える。ただ、一九三〇〜四〇年代の日本外交を考えるうえで重大な問題なのはまちがいない。

そして、テロ・クーデター（未遂）の横行とも連動しつつ首相や内閣による国策統合という体制を崩していった要因の最たるものが、軍の台頭である。それは指導体制に作用する遠心力の源となった。

軍の存在感が肥大化していったのは一九三〇年代であり、その種子は一九二〇年代にあった。ワシントン会議で海軍軍備制限問題に関して、主力艦の対米比率が六割になっていたアメリカの原案に対し日本は七割への増率を求め、最終的に六割を受け入れる。日本政府への国内的評価は厳しいものとなった。そのときに政府が批判にさらされただけでなく、勢いに任せたように軍縮論が高揚し、反動で軍擁護論を生起させた。軍縮の時代に軍をめぐる国内の亀裂は深まり、軍国思想鼓吹の萌芽が生じ、後に軍国の時代をもたらす土壌となる。

本来、漸進的に軍の統制や軍縮を進めようとした原敬の方針を考えれば、国内の分極化を進行させずより穏当に軍縮の道筋をつけることができたはずだった。海軍軍縮に関する原や加藤友三郎の開明的な考えは、国内外によく伝わっていなかった。日本政府としては、後の駆け引きで不利にならないようにあえてそうしている部分があった。しかし、条件闘争の心配をする前に、会議に臨む原則をよく検討し、日本として何を目指すのかを明確にしておくべきだった。日本は、軍備制限協定の締結と対米七割確保のどちらを優先するのかなど、基本的な点を突き詰めないままワシントン会議を迎え、対応が後手に回る。日本に原則およびそれと結びつく具体案が欠けていたことは、会議後の海軍内の総括でも指摘された。

日本の利益や方針、判断が世界の潮流とそもそも齟齬を来していたのではない。指導者たちの今一歩の工夫によって、政治・外交の改善によって、展開は変わり得た。ただそうした可能性は、テロの続発や統合不全の常態化といった時代状況になれば、急速に閉ざされていく。

近代日本外交を論じてきた末に、世界情勢の大きな見取り図ではなく国内的な諸要素をめぐる議論に帰着するというのは、いささか狭隘《きょうあい》な視角に映るかもしれない。しかしながら、日本のように相当程度の国力を有していると、外的な条件がどのようなものであれ、常に選択の余地は残されている。そのなかでよりよい選択をできるかどうかは指導者に、あるいは国内的な状況に、かかっている。

あとがき

中公新書での前著、『陸奥宗光』をご担当いただいた編集部の田中正敏さんと同書刊行後にやりとりをするなかで、次に中公新書で書くとしたらどのようなテーマかという話題が出た。そのとき、近代日本外交史の通史などどうだろうかといった話になった。二〇一九年のことである。

中公新書で近代日本外交史の通史というと、入江昭『日本の外交』がある。その五十数年後版と思えば、イメージはわいた。とはいえ、章立てや書きぶりについて具体的な構想があったわけではない。執筆にとりかかるのは少し先のことだろうと思っていた。

昨年秋、田中さんに近況を尋ねられたときも当初は、「二、三年後くらいに書こうかと」などと答えていた。しかしそれを機に改めて考えてみると、今が書くタイミングのような気がした。

あまり自覚しないまま、いつのまにか本書の骨格ができあがってきていた背景は二つある。

一つは、二〇一七年に最初の著作（『帝国日本の外交1894―1922』）を出してから多々いただいた、近代日本外交関連の原稿執筆、研究報告、講演などの機会である。発表の準備をするなかで、あるいは文章を書いているうちに、思考が整理されていった。新たな発見もあった。書いてみて、話してみて、初めて気づかされることはいくつもあった。機会を与えて下さった方々に御礼申し上げたい。

もう一つは、大学の授業である。二〇二〇年、新型コロナウイルスの影響でオンライン授業となり、学生のその場の反応を見ながら、教室の雰囲気を感じながら講義をおこなうことができなくなった。そこで、臨機応変に話すというのはいったんやめて、講義の体系性を高める方向に注力しようと、授業の読み上げ原稿をつくるようになった。担当科目の一つが近代日本外交史・東アジア国際政治史で、その読み上げ原稿が本書の原型である。

またこの間、現在のメディア環境やそのなかでの新書という媒体についても考えるところがあった（文章化したものとして、「世論とメディア」〔明治学院大学法学部政治学科編『政治学の扉』増補第二版、風行社、二〇二一年〕、「どのような新書をつくるか」〔『群像』七六巻五号、二〇二一年〕など）。

近年の学術系新書は（とりわけ新たな史料や事実が続々と発見される近現代史ものは）、得てして情報量が多く、細部を詳述し、厚い。それが悪いというわけではない。私の『陸奥宗光』もそうしたタイプである。ただ、学術的知見を基礎にしつつ情報提示より論に重きを置くような、昔ながらのスタイルの新書もなお意義があると思っていた。

したがって今回、以下のような方針を立てた。国際秩序との関係を軸に、近代日本外交の構造と展開を一望できるようにする。論旨を明快に示す。情報量・ページ数を抑える。本文中で個別の研究文献名は挙げず、代わりに通常よりくわしい文献案内を巻末につける。

これらを田中さんに伝えて相談したところ、幸い意気投合し、早速執筆にとりかかった。


本書の成り立ちは右のような次第で、現在の世界情勢と特に関わりはなかった。草稿は今年の一月下旬から書き始め、二月初めにひとまず書き終えて提出した。

それからである。二月下旬にロシアがウクライナに攻め込み、半年後の今に至るまで戦争が続いている。戦争について、国際秩序について、外交と軍事・安全保障について、日本でも切迫感をもってさまざまに論じられてきた。また七月には安倍晋三元首相が撃たれて亡くなり、衝撃が走った。

その際、しばしば歴史が振り返られた。これらの問題に関して、歴史が画一的に何らかの解を与えてくれるわけではない。しかし、示唆は得られる。考える土台となる。同じような議論が一〇〇年前になされていたなどということもある。

本書が近代日本外交とその時代の世界への理解を深め、現代的にも意義あるものとなっていることを願いたい。

二〇二二年八月

佐々木雄一

文献案内

※紙幅の都合上、副題やシリーズ名は原則として省略した。

既発表論稿

本書の内容に関わる主な既発表論稿は、以下のとおり。

『帝国日本の外交1894-1922』（東京大学出版会、二〇一七年）
『陸奥宗光』（中央公論新社、二〇一八年）
『リーダーたちの日清戦争』（吉川弘文館、二〇二二年）
「明治立憲政治における外交と世論」（日本政治学会大会報告ペーパー、二〇一四年）
「政治指導者の国際秩序観と対外政策」（『国家学会雑誌』一二七巻一一・一二号、二〇一四年）
「近代日本における天皇のコトバ」（御厨貴編『天皇の近代』千倉書房、二〇一八年）
「近代日本外交における公正」（佐藤健太郎ほか編『公正から問う近代日本史』吉田書店、二〇一九年）
「明治憲法体制における首相と内閣の再検討」（『年報政治学』2019-I、二〇一九年）
「「帝国外交の骨髄」?」（日本国際政治学会大会報告ペーパー、二〇一九年）
「「不平等」「押しつけ」ではない? "条約改正"をめぐる歴史の新常識」（講談社現代新書ウェブサイト、二〇一九年）
「《特集》第一次世界大戦後の東アジアと秩序の変容　特集の趣旨と概要」（『東アジア近代史』二四号、二〇二〇年。小池求氏との共著）
「競争から見た日本政治史」（明治学院大学法学部政治学科編『初めての政治学』増補第三版、風行社、二〇二〇年）
「国策と官僚組織と世論」（『人事院月報』七四巻一号、二〇二一年）
「「大命降下」の成立と内閣の変容」（『明治学院大学法学研究』一一〇号、二〇二一年）
"Reception and Practice of Diplomacy in Modern Japan" *International Relations of the Asia-Pacific* (Online First, 2021)
「近代日本から見た租借概念」（柳原正治、兼原敦子編『国際法からみた領土と日本』東京大学出版会、二〇二二年）

特に、『陸奥宗光』および「政治指導者の国際秩序観と対外政策」は第1章、『リーダーたちの日清戦争』は第2章、『帝国日本の外交1894-1922』は第2~5章、「近代日本外交における公正」は第4~6章、「国策と官僚組織と世論」は第5章の記述の基礎になっている。

本文中で挙げた文献等

陸奥宗光『新訂　蹇蹇録』(中塚明校注、岩波書店、一九八三年)

「陸奥宗光関係文書」(国立国会図書館憲政資料室所蔵)

朝日新聞社編『日本外交秘録』(朝日新聞社、一九三四年)

幣原喜重郎『外交五十年』(改版、中央公論新社、二〇一五年)

「徳大寺実則日記」(宮内庁書陵部所蔵)

岩壁義光、広瀬順晧編『影印　原敬日記』(一四巻、北泉社、一九九八年)

外務省編『日本外交文書』(三四巻・三六巻一冊、日本国際連合協会、一九五六・一九五七年)

清沢洌『日本外交史』(上巻、東洋経済新報社出版部、一九四二年)

全体に関わるもの

入江昭『日本の外交』(中央公論社、一九六六年)は外交を支える思想に着目してコンパクトにまとめた著作で、いまだに古びない。北岡伸一『日本政治史』(増補版、有斐閣、二〇一七年)は教科書だが無味乾燥でなく、著者の視角に基づくストーリー性がある。波多野澄雄編『日本外交の150年』(日本外交協会、二〇一九年)は、諸研究の成果を取り入れた最新の通史。

『明治政治史』、『転換期の大正』など岡義武の諸作品は、すでに著作集に収められているのに加え、近年改めて文庫化された(二〇一九年、岩波書店)。民族独立・国家の自己保存を中核とする明治国家論で本書は見解を異にするが、日本政治史研究上の金字塔である。

外務省百年史編纂委員会編『外務省の百年』(上下、原書房、一九六九年)は、機構の変遷などに関する基礎的文献。

他国の対外政策や中国の国内情勢などは日本外交と密接に関わるが、紙幅の都合上、それらを主題とする研究は以下ほとんど挙げていない。さしあたり中国について概観できるものとして、吉澤誠一郎『清朝と近代世界』(岩波書店、二〇一〇年)、川島真『近代国家への模索』(岩波書店、二〇一〇年)、石川禎浩『革命とナショナリズム』(岩波書店、二〇一〇年)、岡本隆司『「中国」の形成』(岩波書店、二〇二〇年)。　外国語文献も、英語のものをごく限定的にのみ挙げた。

◎第1章
幕末～明治初年の日本外交

一般書ないしそれに準ずるかたちで書かれ、内容は学術的でありつつ読みやすい著作として、三谷博『ペリー来航』（吉川弘文館、二〇〇三年）、井上勝生『幕末・維新』（岩波書店、二〇〇六年）、犬塚孝明『明治外交官物語』（吉川弘文館、二〇〇九年）、保谷徹『幕末日本と対外戦争の危機』（吉川弘文館、二〇一〇年）、渡辺浩『日本政治思想史　十七～十九世紀』（東京大学出版会、二〇一〇年）、加藤祐三『幕末外交と開国』（講談社、二〇一二年）、青山忠正『明治維新』（吉川弘文館、二〇一二年）、麓慎一『開国と条約締結』（吉川弘文館、二〇一四年）、鵜飼政志『明治維新の国際舞台』（有志舎、二〇一四年）、藤田覚『幕末から維新へ』（岩波書店、二〇一五年）。

当時の日本人の西洋体験や西洋人の日本体験を伝えるものは多々あるが、そのなかでいくつか挙げれば、芳賀徹『大君の使節』（中央公論社、一九六八年）、佐野真由子『オールコックの江戸』（中央公論新社、二〇〇三年）、宮永孝『万延元年の遣米使節団』（講談社、二〇〇五年）、アーネスト・メイスン・サトウ『一外交官の見た明治維新』（鈴木悠訳、講談社、二〇二一年）。

そのほか、以下の諸研究を挙げておく（すでに右の二段落で名前を挙げた研究者の著作を除く）。石井孝『明治維新の国際的環境』（増訂版、吉川弘文館、一九六六年）、同『日本開国史』（吉川弘文館、一九七二年）、田保橋潔『近代日本外国関係史』（増訂版、原書房、一九七六年）、秋月俊幸『日露関係とサハリン島』（筑摩書房、一九九四年）、安岡昭男『幕末維新の領土と外交』（清文堂出版、二〇〇二年）、森田朋子『開国と治外法権』（吉川弘文館、二〇〇五年）、生田美智子『外交儀礼から見た幕末日露文化交流史』（ミネルヴァ書房、二〇〇八年）、アラン・コルナイユ『幕末のフランス外交官』（矢田部厚彦編訳、ミネルヴァ書房、二〇〇八年）、大島明秀『「鎖国」という言説』（ミネルヴァ書房、二〇〇九年）、リチャード・シムズ『幕末・明治日仏関係史』（矢田部厚彦訳、ミネルヴァ書房、二〇一〇年）、上白石実『幕末期対外関係の研究』（吉川弘文館、二〇一一年）、荒野泰典ほか編『近代化する日本』（吉川弘文館、二〇一二年）、横山伊徳『開国前夜の世界』（吉川弘文館、二〇一三年）、福岡万里子『プロイセン東アジア遠征と幕末外交』（東京大学出版会、二〇一三年）、西澤美穂子『和親条約と日蘭関係』（吉川弘文館、二〇一三年）、後藤敦史『開国期徳川幕府の政治と外交』（有志舎、二〇一五年）、Takahiro Yamamoto, “Balance of Favour” (PhD diss., the London School of Economics and Political Science, 2015); 醍醐龍馬氏の諸論稿（「榎本武揚と樺太千島交換条約」〔一・二〕『阪大法学』六五巻二・三号、二〇一五年」など）、明治維新史学会編『明治維新と外交』（有志舎、二〇一七年）、奈良勝司『明治維新をとらえ直す』（有志舎、二

〇一八年)、友田昌宏編『幕末維新期の日本と世界』(吉川弘文館、二〇一九年)、上原兼善『黒船来航と琉球王国』(名古屋大学出版会、二〇二〇年)、中山裕史『幕末維新期のフランス外交』(中武香奈美編、日本経済評論社、二〇二一年)。

幕末の開国・条約締結について近年は、単に力を背景にした強要の帰結ではないことや、いわゆる不平等条約の「不平等」性に対する疑義が指摘されることが多い。本書はそうした研究潮流を前提としたうえで、とはいえ基本的な構造として近代西洋の力による威圧があり、また条約に不平等と捉えられる面があったことを改めて述べた。

条約改正

条約改正については古くからの研究に加えて、二〇〇〇〜二〇一〇年ごろ、以下のように多くの研究が発表された。Louis G. Perez, *Japan Comes of Age* (Fairleigh Dickinson University Press, 1999); 小宮一夫『条約改正と国内政治』(吉川弘文館、二〇〇一年)、藤原明久『日本条約改正史の研究』(雄松堂出版、二〇〇四年)、山下大輔「陸奥宗光と対等条約改正交渉」(『日本歴史』六八七号、二〇〇五年)、大石一男『条約改正交渉史 一八八七〜一八九四』(思文閣出版、二〇〇八年)、阿曽沼春菜「日本の関税自主権回復問題にみる「もうひとつの日英関係」」(『法学論叢』一六三巻二・四・六号、二〇〇八年)、五百旗頭薫『条約改正史』(有斐閣、二〇一〇年)。

その後も、これほど集中的にではないが、いくつもの研究が発表されている(まとまったものとして、鈴木祥「明治前期の在外日本人保護問題」〔中央大学博士学位論文、二〇一七年〕)。

ただ、現在の研究および史料の水準に基づいて条約改正の全体像を記した著作は今のところない。短くまとめられたものとしては、五百旗頭薫「開国と不平等条約改正」(川島真、服部龍二編『東アジア国際政治史』名古屋大学出版会、二〇〇七年)、同「条約改正外交」(井上寿一編『外交史 戦前編』岩波書店、二〇一三年)、小宮一夫「条約改正問題」(小林和幸編『明治史講義【テーマ篇】』筑摩書房、二〇一八年)。

国際社会の拡大・変容と日本というテーマは、日本語よりも英語で多く論じられている。Gerrit W. Gong, *The Standard of "Civilization" in International Society* (Clarendon Press, 1984); Hidemi Suganami, "Japan's Entry into International Society" in Hedley Bull and Adam Watson eds., *The Expansion of International Society* (Oxford University Press, 1984); Shogo Suzuki, *Civilization and Empire* (Routledge, 2009); Tomoko T. Okagaki, *The Logic of Conformity* (University of Toronto Press, 2013); Douglas Howland, *International Law and Japanese Sovereignty* (Palgrave Macmillan, 2016); Isami Sawai, "East Asia before

Diplomacy'" (PhD diss., the London School of Economics and Political Science, 2021).

◎第2章

日清戦争以前の東アジア

すでに挙げたもののほか、田保橋潔『近代日鮮関係の研究』（上下、朝鮮総督府中枢院、一九四〇年）、石井孝『明治初期の日本と東アジア』（有隣堂、一九八二年）、茂木敏夫『変容する近代東アジアの国際秩序』（山川出版社、一九九七年）、岡本隆司『属国と自主のあいだ』（名古屋大学出版会、二〇〇四年）、同『世界のなかの日清韓関係史』（講談社、二〇〇八年）、西里喜行『清末中琉日関係史の研究』（京都大学学術出版会、二〇〇五年）、石田徹『近代移行期の日朝関係』（溪水社、二〇一三年）、波平恒男『近代東アジア史のなかの琉球併合』（岩波書店、二〇一四年）、勝田政治『大久保利通と東アジア』（吉川弘文館、二〇一六年）、岡本隆司編『交隣と東アジア』（名古屋大学出版会、二〇二一年）。

日清戦争

近年の一般書として、大谷正『日清戦争』（中央公論新社、二〇一四年）、佐々木『リーダーたちの日清戦争』。

古典的研究として、田保橋潔『日清戦役外交史の研究』（刀江書院、一九五一年）、中塚明『日清戦争の研究』（青木書店、一九六八年）、信夫清三郎『日清戦争』（増補版、藤村道生校訂、南窓社、一九七〇年）、藤村道生『日清戦争』（岩波書店、一九七三年）。

開戦過程論を中心に研究の新潮流を形成した三氏の著作として、高橋秀直『日清戦争への道』（東京創元社、一九九五年）、檜山幸夫『日清戦争』（講談社、一九九七年）、同『日清戦争の研究』（上中下、ゆまに書房、二〇二二年）、大澤博明『近代日本の東アジア政策と軍事』（成文堂、二〇〇一年）、同『明治日本と日清開戦』（吉川弘文館、二〇二一年）。

そのほか、佐々木揚氏の諸論稿（「日清戦争前の朝鮮をめぐる露清関係」〔『佐賀大学教育学部研究論文集』二八集一号、一九八〇年〕など）、桑田悦編『日清・日露戦争』（同台経済懇話会、一九九五年）、東アジア近代史学会編『日清戦争と東アジア世界の変容』（上下、ゆまに書房、一九九七年）、斎藤聖二『日清戦争の軍事戦略』（芙蓉書房出版、二〇〇三年）、原田敬一『日清戦争』（吉川弘文館、二〇〇八年）、古結諒子『日清戦争における日本外交』（名古屋大学出版会、二〇一六年）。

日清戦後外交については、酒田正敏「日清戦後外交政策の拘束要因」（近代日本研究会編『近代日本と東アジア』山川出版社、一九八〇年）、佐々木『帝国日本の外交1894-1922』。

対外観

幕末以来の日本の対外観（対外認識、対外論、西洋観など類似ないし隣接するテーマを含む）は、さかのぼれば吉野作造や尾佐竹猛が論じているように、古くから注目されてきた。

ほかの項目で触れていないものに限定していくつか挙げると、佐藤誠三郎、R・ディングマン編『近代日本の対外態度』（東京大学出版会、一九七四年）、渡辺昭夫「近代日本における対外関係の諸特徴」（中村隆英、伊藤隆編『近代日本研究入門』増補版、東京大学出版会、一九八三年）、芝原拓自ほか校注『対外観』（岩波書店、一九八八年）、岡義武『国民的独立と国家理性』（岩波書店、一九九三年）、長谷川雄一編『大正期日本のアメリカ認識』（慶應義塾大学出版会、二〇〇一年）、酒井哲哉『近代日本の国際秩序論』（岩波書店、二〇〇七年）、佐藤誠三郎『「死の跳躍」を越えて』（千倉書房、二〇〇九年）、黒沢文貴『二つの「開国」と日本』（東京大学出版会、二〇一三年）、坂野潤治『近代日本とアジア』（筑摩書房、二〇一三年）、武田知己、萩原稔編『大正・昭和期の日本政治と国際秩序』（思文閣出版、二〇一四年）、伊藤信哉、萩原稔編『近代日本の対外認識』（I・II、彩流社、二〇一五・二〇一七年）、酒井一臣「ドン・キホーテの夢」（『史林』一〇二巻一号、二〇一九年）。

◎第3章

日露戦争

北清事変については、斎藤聖二『北清事変と日本軍』（芙蓉書房出版、二〇〇六年）。

日英同盟および日露開戦過程をめぐる研究史について、くわしくは佐々木『帝国日本の外交1894-1922』参照。角田順『満州問題と国防方針』（原書房、一九六七年）が旧来からの通説的著作。桂太郎・小村寿太郎の日英同盟論と伊藤博文・井上馨の日露協商路線を対抗的に捉え、日露の対決を不可避のものとして論じた。それに対して柴崎力栄「伊藤博文のロシア行と歴史家徳富蘇峰」（『日本歴史』四六二号、一九八六年）や千葉功『旧外交の形成』（勁草書房、二〇〇八年）が「日英同盟論対日露協商論」という対立図式を否定し、桂と伊藤の間に原則論の差はなかったとした。また伊藤之雄『立憲国家と日露戦争』（木鐸社、二〇〇〇年）や千葉『旧外交の形成』は対露戦の回避可能性があったと論じ、誤解や情報伝達上の問題に開戦原因を求めた。本書は、一部修正を加えたかたちで旧来からの通説の側に立っている。

日露戦争全般について、近年のものとして、大江志乃夫『世界史としての日露戦争』（立風書房、二〇〇一年）、軍事史学会編『日露戦争』（一・二、錦正社、二〇〇四・二〇〇五年）、横手慎二『日露戦争史』（中央公論新社、二〇〇五年）、日露戦争研究会編『日露戦争研究の新視点』（成文社、二〇〇五）、読売新聞取材班『検証　日露戦争』（中央公論新社、二〇〇五年）、John W. Steinberg et al. eds. *The Russo-Japanese War in Global Perspective* (2 vols, Brill, 2005, 2007)；山梨学院大学ポーツマス講和一〇〇周年記念プロジェクト編『日露戦争とポーツマス講和』（山梨学院大学、二〇〇六年）、Rotem Kowner ed. *The Impact of the Russo-Japanese War* (Routledge, 2007)；Rotem Kowner et al. eds. *Rethinking the Russo-Japanese War, 1904-05* (2 vols, Global Oriental, 2007)；東アジア近代史学会編『日露戦争と東アジア世界』（ゆまに書房、二〇〇八年）、山田朗『世界史の中の日露戦争』（吉川弘文館、二〇〇九年）、片山慶隆『日露戦争と新聞』（講談社、二〇〇九年）、和田春樹『日露戦争』（上下、岩波書店、二〇〇九・二〇一〇年）、松村正義『日露戦争と日本在外公館の〝外国新聞操縦〟』（成文社、二〇一〇年）、原暉之編『日露戦争とサハリン島』（北海道大学出版会、二〇一一年）、板谷敏彦『日露戦争、資金調達の戦い』（新潮社、二〇一二年）、石川徳幸『日露開戦過程におけるメディア言説』（櫻門書房、二〇一二年）、平野龍二『日清・日露戦争における政策と戦略』（千倉書房、二〇一五年）、長南政義『新史料による日露戦争陸戦史』（並木書房、二〇一五年）、五百旗頭真ほか編『日ロ関係史』（東京大学出版会、二〇一五年）、稲葉千晴『バルチック艦隊ヲ捕捉セヨ』（成文社、二〇一六年）。

小村寿太郎の個人文書がないなどの史料上の制約と、日露戦争一〇〇周年に合わせた研究の潮流が主に日露戦争を世界的視座から捉える方向に向かったことから、日清戦争に比べると日本の政治・外交面の分析は詳細になされているわけではない。

一方、日露戦争前後のロシア側の動向については、近年になって日本語ないし英語で読むことができるものが充実してきた。すでに挙げたもののほか、加納格氏の諸論稿（「ロシア帝国と日露戦争への道」『法政大学文学部紀要』五三号、二〇〇六年」など）、コンスタンチン・サルキソフ『もうひとつの日露戦争』（鈴木康雄訳、朝日新聞出版、二〇〇九年）、コンスタンティン・プレシャコフ『日本海海戦　悲劇への航海』（上下、稲葉千晴訳、日本放送出版協会、二〇一〇年）、土屋好古『「帝国」の黄昏、未完の「国民」』（成文社、二〇一二年）、I・V・ルコヤーノフ氏の諸論稿（「日露戦争にいたる最後の日露交渉」〔和田春樹訳、『二〇世紀初頭におけるロシアの対外認識』早稲田大学ロシア研究所、二〇一二年〕など）、ディビッド・ウルフ『ハルビン駅へ』（半谷史郎訳、講談社、二〇一四年）。

韓国併合

全体を概観できるものとして、山辺健太郎『日韓併合小史』（岩波書店、一九六六年）、森山茂徳『日韓併合』（新装版、吉川弘文館、一九九五年）、海野福寿『韓国併合』（岩波書店、一九九五年）、森万佑子『韓国併合』（中央公論新社、二〇二二年)。

そのほか、森山茂徳『近代日韓関係史研究』(東京大学出版会、一九八七年)、長田彰文『セオドア・ルーズベルトと韓国』(未來社、一九九二年)、Peter Duus, *The Abacus and the Sword* (University of California Press, 1995); 海野福寿『韓国併合史の研究』(岩波書店、二〇〇〇年)、李英美『韓国司法制度と梅謙次郎』(法政大学出版局、二〇〇五年)、伊藤之雄、李盛煥編『伊藤博文と韓国統治』(ミネルヴァ書房、二〇〇九年)、小川原宏幸『伊藤博文の韓国併合構想と朝鮮社会』(岩波書店、二〇一〇年)、伊藤之雄『伊藤博文をめぐる日韓関係』(ミネルヴァ書房、二〇一一年)、森山茂徳、原田環編『大韓帝国の保護と併合』(東京大学出版会、二〇一三年)。

韓国併合から一〇〇年に当たる二〇一〇年前後に、特に日露戦争後から併合までの期間についての研究が深められた。右では挙げていないが、併合後の植民地統治期に関する研究も盛んである。一方、日清戦争後の露館播遷から日露戦争までの研究は比較的手薄で、現在さまざまに取り組まれている。

日露戦後外交

外務省編『小村外交史』(原書房、一九六六年)、栗原健編『対満蒙政策史の一面』(原書房、一九六六年)、角田『満州問題と国防方針』、北岡伸一『日本陸軍と大陸政策』(東京大学出版会、一九七八年)、井上勇一『東アジア鉄道国際関係史』(慶應通信、一九八九年)、吉村道男『日本とロシア』(増補版、日本経済評論社、一九九一年)、馬場明『日露戦争後の日中関係』(原書房、一九九三年)、同『日露戦争後の満州問題』(原書房、二〇〇三年)、寺本康俊『日露戦争以後の日本外交』(信山社出版、一九九九年)、黒野耐『大日本帝国の生存戦略』(講談社、二〇〇四年)、千葉『旧外交の形成』、小林道彦『大正政変』(千倉書房、二〇一五年)。

本書は外交に焦点を当てているが、右の諸研究で多々論じられているように、満州をめぐる政策構想や陸軍そのほかを含めた政府内諸勢力の関係性なども密接に関わる重要な問題である。

◎第4章

対中政策

辛亥革命期およびその後の日本の対中政策について、すでに挙げたもののほか、臼井勝美『日本と中国』(原書房、一九七二年)、鈴木武雄監修『西原借款資料研究』(東京大学出版会、一九七二年)、波多野勝『近代東アジアの政治変動と日本の外交』(慶應通信、一九九五年)、坂本雅子『財閥と帝国主義』(ミネルヴァ書房、二〇〇三年)、櫻井良樹『辛亥革命と日本政治の変動』(岩波書店、二〇〇九年)、ウッドハウス暎子『辛亥革命とG・E・モリソン』

（東洋経済新報社、二〇一〇年）、北野剛『明治・大正期の日本の満蒙政策史研究』（芙蓉書房出版、二〇一二年）、辛亥革命百周年記念論集編集委員会編『総合研究辛亥革命』（岩波書店、二〇一二年）、中見立夫『「満蒙問題」の歴史的構図』（東京大学出版会、二〇一三年）、久保田裕次『対中借款の政治経済史』（名古屋大学出版会、二〇一六年）、塚本英樹『日本外交と対中国借款問題』（法政大学出版局、二〇二〇年）。

対華二一か条要求について、古くは、堀川武夫『極東国際政治史序説』（有斐閣、一九五八年）。諸史料を博捜した近年の研究として、奈良岡聰智『対華二十一ヵ条要求とは何だったのか』（名古屋大学出版会、二〇一五年）。ただ史料上の制約から、要求案の意図や策定経緯については依然として推測に委ねられる部分がある。この点に関し、外務省の文書を用いて新たに検討を加えたものとして、斎藤聖二「二十一か条要求案の成立経緯」（『東アジア近代史』二一号、二〇一七年）。

第一次世界大戦

第一次世界大戦と日本の関わりおよびその時期の日本外交（右で挙げたものを除く）につき、平間洋一『第一次世界大戦と日本海軍』（慶應義塾大学出版会、一九九八年）、季武嘉也『大正期の政治構造』（吉川弘文館、一九九八年）、斎藤聖二『日独青島戦争』（ゆまに書房、二〇〇一年）、エドワルド・バールィシェフ『日露同盟の時代1914〜1917年』（花書院、二〇〇七年）、小林啓治『総力戦とデモクラシー』（吉川弘文館、二〇〇八年）、山室信一『複合戦争と総力戦の断層』（人文書院、二〇一一年）、渡邉公太『第一次世界大戦期日本の戦時外交』（現代図書、二〇一八年）、諸橋英一『第一次世界大戦と日本の総力戦政策』（慶應義塾大学出版会、二〇二一年）。

シベリア出兵について、概観できるものとして、麻田雅文『シベリア出兵』（中央公論新社、二〇一六年）。

パリ講和会議

パリ講和会議のうち、南洋諸島問題については、佐々木「近代日本外交における公正」。山東問題については後掲の服部書・中谷書とともに、川島真『中国近代外交の形成』（名古屋大学出版会、二〇〇四年）、高原秀介『ウィルソン外交と日本』（創文社、二〇〇六年）。人種差別撤廃問題については、池井優「パリ平和会議と人種差別撤廃問題」（『国際政治』二三号、一九六三年）、大沼保昭「遥かなる人種平等の理想」（大沼編『国際法、国際連合と日本』弘文堂、一九八七年）。

パリ講和会議がもたらした日本外交への影響については、外務省百年史編纂委員会編『外務省の百年』、戸部良一『外務省革新派』（中央公論新社、二〇一〇年）。

◎第5章　第一次世界大戦前後の転換／連続

従来、大戦前後で日本外交や国際秩序が転換したとの見方が有力だった。正確にいえば各説の議論内容の関係性はやや複雑だがその点は措き、代表的な著作を挙げると、入江昭『極東新秩序の模索』（原書房、一九六八年）、三谷太一郎『日本政党政治の形成』（増補版、東京大学出版会、一九九五年）。

それに対し、服部龍二『東アジア国際環境の変動と日本外交1918-1931』（有斐閣、二〇〇一年）は大戦前後の連続性を強調した。

一方、中谷直司『強いアメリカと弱いアメリカの狭間で』（千倉書房、二〇一六年）は再度、転換・変容の観点から捉え、しかも日本外交の変化が国際秩序の変化に寄与したと説いた。小村寿太郎の息子・小村欣一ないし外務省政務局第一課の新外交呼応論は、中谷書をはじめ、近年論じられることが多い。

本書は、外務省内の新潮流ではなく原敬や幣原喜重郎の伝統的な発想が大戦後の日本外交を基礎づけたと捉えており、その意味では日本外交に関して大戦前後連続説に立つ。ただ、そもそも伝統的な日本外交は現行秩序のなかで正当性と利益を求めるものであり、したがって国際秩序が変容するなかでそれに合わせて日本の対外政策は変化したと論じている。

大戦後の世界と日本

国際連盟や諸種の国際協力、戦争違法化といった大戦後の世界の潮流、そしてそれらと日本との関わりについては、近年、多くの研究が発表されている。

さしあたり日本語の著作に限定して、伊香俊哉『近代日本と戦争違法化体制』（吉川弘文館、二〇〇二年）、小林啓治『国際秩序の形成と近代日本』（吉川弘文館、二〇〇二年）、篠原初枝『戦争の法から平和の法へ』（東京大学出版会、二〇〇三年）、同『国際連盟』（中央公論新社、二〇一〇年）、緒方貞子、半澤朝彦編『グローバル・ガヴァナンスの歴史的変容』（ミネルヴァ書房、二〇〇七年）、遠藤乾編『グローバル・ガバナンスの歴史と思想』（有斐閣、二〇一〇年）、等松春夫『日本帝国と委任統治』（名古屋大学出版会、二〇一一年）、安田佳代『国際政治のなかの国際保健事業』（ミネルヴァ書房、二〇一四年）、三牧聖子『戦争違法化運動の時代』（名古屋大学出版会、二〇一四年）、早稲田大学アジア太平洋研究センター太平洋問題調査会（IPR）研究部会編『太平洋問題調査会（IPR）とその群像』（早稲田大学アジア太平洋研究センター、二〇一六年）、後藤春美『国際主義との格闘』（中央公論新社、二〇一六年）、柳原正治、篠原初枝編『安達峰一郎』（東京大学出版会、二〇一七年）、帯谷俊輔『国際連盟』（東京大学出版会、二〇一九年）、藤岡健太郎『戦間期日本の「国際

主義」と「地域主義」』（花書院、二〇一九年）、牧野雅彦『不戦条約』（東京大学出版会、二〇二〇年）、伊東かおり『議員外交の世紀』（吉田書店、二〇二二年）。

第一次世界大戦後〜満州事変までの日本外交

すでに挙げたもののほか、細谷千博、斎藤真編『ワシントン体制と日米関係』（東京大学出版会、一九七八年）、坂野潤治『近代日本の外交と政治』（研文出版、一九八五年）、佐藤元英『近代日本の外交と軍事』（吉川弘文館、二〇〇〇年）、同『昭和初期対中国政策の研究』（増補改訂新版、二〇〇九年、原書房）、関静雄『大正外交』（ミネルヴァ書房、二〇〇一年）、後藤春美『上海をめぐる日英関係1925-1932年』（東京大学出版会、二〇〇六年）、明石岩雄『日中戦争についての歴史的考察』（思文閣出版、二〇〇七年）、酒井一臣『近代日本外交とアジア太平洋秩序』（昭和堂、二〇〇九年）、同『帝国日本の外交と民主主義』（吉川弘文館、二〇一八年）、三谷太一郎『ウォール・ストリートと極東』（東京大学出版会、二〇〇九年）、富田武『戦間期の日ソ関係』（岩波書店、二〇一〇年）、熊本史雄『大戦間期の対中国文化外交』（吉川弘文館、二〇一三年）、種稲秀司『近代日本外交と「死活的利益」』（芙蓉書房出版、二〇一四年）、宮田昌明『英米世界秩序と東アジアにおける日本』（錦正社、二〇一四年）、簑原俊洋『アメリカの排日運動と日米関係』（朝日新聞出版、二〇一六年）、廣部泉『人種戦争という寓話』（名古屋大学出版会、二〇一七年）、「20世紀と日本」研究会編『もうひとつの戦後史』（千倉書房、二〇一九年）、加藤聖文『満鉄全史』（講談社、二〇一九年）。

幣原喜重郎については特に近年、研究が重ねられてきた。評伝として、服部龍二『幣原喜重郎』（増補版、吉田書店、二〇一七年）、種稲秀司『幣原喜重郎』（吉川弘文館、二〇二一年）、熊本史雄『幣原喜重郎』（中央公論新社、二〇二一年）。また、西田敏宏氏の諸論稿（「東アジアの国際秩序と幣原外交」（一・二、『法学論叢』一四七巻二号、一四九巻一号、二〇〇〇・二〇〇一年」など）。

近衛文麿

第6章とも関わる近衛文麿については、評伝として、矢部貞治編『近衛文麿』（上下、弘文堂、一九五二年）、岡義武『近衛文麿』（岩波書店、一九七二年）、筒井清忠『近衛文麿』（岩波書店、二〇〇九年）、古川隆久『近衛文麿』（吉川弘文館、二〇一五年）。

そのほか、清沢洌「近衛公の思想的背景」（『日本評論』一二巻七号、一九三七年）、栗原彬「近衛文麿のパーソナリティと新体制」（『年報政治学』1972、一九七三年）、庄司潤一郎氏の諸論稿（「日中戦争の勃発と近衛文麿「国際正義」論」（『国際政治』九一号、一九八九年」など）、中西寛「近衛文麿「英米本位の平和主義を排す」論文の背景」

（『法学論叢』一三二巻四・五・六号、一九九三年）。

近衛の思想や人となりをうかがえるものとして、近衛文麿『失はれし政治』（朝日新聞社、一九四六年）、同『近衛文麿　清談録』（新版、伊藤武編、千倉書房、二〇一五年）、同『最後の御前会議／戦後欧米見聞録』（中央公論新社、二〇一五年）。

第一次世界大戦後の軍と軍縮

伊藤隆『昭和初期政治史研究』（東京大学出版会、一九六九年）、小林龍夫「海軍軍縮条約」（日本国際政治学会太平洋戦争原因研究部編『満州事変前夜』新装版、朝日新聞社、一九八七年）、麻田貞雄『両大戦間の日米関係』（東京大学出版会、一九九三年）、戸部良一『逆説の軍隊』（中央公論社、一九九八年）、纐纈厚『日本陸軍の総力戦政策』（大学教育出版、一九九九年）、筒井清忠「大正期の軍縮と世論」（青木保ほか編『戦争と軍隊』岩波書店、一九九九年）、黒沢文貴『大戦間期の日本陸軍』（みすず書房、二〇〇〇年）、関静雄『ロンドン海軍条約成立史』（ミネルヴァ書房、二〇〇七年）、平松良太「ロンドン海軍軍縮問題と日本海軍」（一―三、『法学論叢』一六九巻二・四・六号、二〇一一年）、高杉洋平「軍縮と軍人の社会的地位」（筒井清忠編『昭和史講義2』筑摩書房、二〇一六年）、中嶋晋平『戦前期海軍のPR活動と世論』（思文閣出版、二〇二一年）、藤田俊『戦間期日本陸軍の宣伝政策』（芙蓉書房出版、二〇二一年）。

◎第6章

総論

満州事変や日中戦争、太平洋戦争、そしてその間の日本外交については膨大な研究が存在し、以下で取り上げる文献もごく一部にとどまる。

そうしたなかでまず基本的情報の提示および研究案内として、筒井清忠編『昭和史講義』（筑摩書房、二〇一五年）。同シリーズで続巻もある。古典的研究としては、日本国際政治学会太平洋戦争原因研究部編『太平洋戦争への道』（新装版、全八冊、朝日新聞社、一九八七―一九八八年）。

全体を概観するのに有益な一般書として、臼井勝美『日中戦争』（新版、中央公論新社、二〇〇〇年）、加藤陽子『満州事変から日中戦争へ』（岩波書店、二〇〇七年）、同『昭和天皇と戦争の世紀』（講談社、二〇一八年）、吉田裕『アジア・太平洋戦争』（岩波書店、二〇〇七年）、有馬学『帝国の昭和』（講談社、二〇一〇年）、森山優『日本はなぜ開戦に踏み切ったか』（新潮社、二〇一二年）、北岡伸一『政党から軍部へ』（中央公論新社、二〇一三年）、波多野澄雄ほか『決定版日中戦争』（新潮社、二〇一八年）、小林道彦『近代日本と軍部』（講談社、二〇二〇年）。

国内の政治および社会の状況については、これも一般書で、坂野潤治『日本近代史』（筑摩書房、二〇一二年）、筒

井清忠『昭和戦前期の政党政治』（筑摩書房、二〇一二年）、伊藤隆『大政翼賛会への道』（講談社、二〇一五年）、井上寿一『日中戦争』（講談社、二〇一八年）、小山俊樹『五・一五事件』（中央公論新社、二〇二〇年）。

外務省・外務官僚

井上寿一『危機のなかの協調外交』（山川出版社、一九九四年）、武田知己『重光葵と戦後政治』（吉川弘文館、二〇〇二年）、小池聖一『満州事変と対中国政策』（吉川弘文館、二〇〇三年）、服部聡『松岡外交』（千倉書房、二〇一二年）、佐藤元英『経済制裁と戦争決断』（日本経済評論社、二〇一七年）、矢嶋光『芦田均と日本外交』（吉川弘文館、二〇一九年）、樋口真魚『国際連盟と日本外交』（東京大学出版会、二〇二一年）、湯川勇人『外務省と日本外交の1930年代』（千倉書房、二〇二二年）。

陸軍、政軍関係

雨宮昭一『近代日本の戦争指導』（吉川弘文館、一九九七年）、筒井清忠『昭和十年代の陸軍と政治』（岩波書店、二〇〇七年）、森靖夫『日本陸軍と日中戦争への道』（ミネルヴァ書房、二〇一〇年）、小林道彦『政党内閣の崩壊と満州事変』（ミネルヴァ書房、二〇一〇年）、北岡伸一『官僚制としての日本陸軍』（筑摩書房、二〇一二年）、波多野澄雄『幕僚たちの真珠湾』（吉川弘文館、二〇一三年）、山本智之『主戦か講和か』（新潮社、二〇一三年）、川田稔『昭和陸軍全史』（一―三、講談社、二〇一四―二〇一五年）、髙杉洋平『宇垣一成と戦間期の日本政治』（吉田書店、二〇一五年）。

海　軍

樋口秀実『日本海軍から見た日中関係史研究』（芙蓉書房出版、二〇〇二年）、野村實『日本海軍の歴史』（吉川弘文館、二〇〇二年）、相澤淳『海軍の選択』（中央公論新社、二〇〇二年）、坂口太助『太平洋戦争期の海上交通保護問題の研究』（芙蓉書房出版、二〇一一年）、手嶋泰伸『昭和戦時期の海軍と政治』（吉川弘文館、二〇一三年）、太田久元『戦間期の日本海軍と統帥権』（吉川弘文館、二〇一七年）、小磯隆広『日本海軍と東アジア国際政治』（錦正社、二〇二〇年）、木村聡「連合艦隊論」（北海道大学博士学位論文、二〇二一年）。

満州事変、日中戦争

双方に関わる著作も多いため、一括して掲げる。

戸部良一『ピース・フィーラー』（論創社、一九九一年）、クリストファー・ソーン『満州事変とは何だったのか』（上下、市川洋一訳、草思社、一九九四年）、劉傑『日中戦争下の外交』（吉川弘文館、一九九五年）、松浦正孝『日中戦争期における経済と政治』（東京大学出版会、一九九五年）、秦郁彦『盧溝橋事件の研究』（東京大学出版会、一九九六年）、安井三吉『柳条湖事件から盧溝橋事件へ』（研文出版、二〇〇三年）、内田尚孝『華北事変の研究』（汲古書院、二〇〇六年）、波多野澄雄、戸部良一編『日中戦争の軍事的展開』（慶應義塾大学出版会、二〇〇六年）、永井和『日中戦争から世界戦争へ』（思文閣出版、二〇〇七年）、伊香俊哉『満州事変から日中全面戦争へ』（吉川弘文館、二〇〇七年）、西村成雄ほか編『国際関係のなかの日中戦争』（慶應義塾大学出版会、二〇一一年）、緒方貞子『満州事変』（岩波書店、二〇一一年）、家近亮子『蔣介石の外交戦略と日中戦争』（岩波書店、二〇一二年）、白木沢旭児『日中戦争と大陸経済建設』（吉川弘文館、二〇一六年）、黄自進ほか編『「日中戦争」とは何だったのか』（ミネルヴァ書房、二〇一七年）、波多野澄雄、中村元哉編『日中戦争はなぜ起きたのか』（中央公論新社、二〇一八年）、影山好一郎『第一次上海事変の研究』（錦正社、二〇一九年）、臼井勝美『満州事変』（講談社、二〇二〇年）、川島真、岩谷將編『日中戦争研究の現在』（東京大学出版会、二〇二二年）。

太平洋戦争

野村実『太平洋戦争と日本軍部』（山川出版社、一九八三年）、塩崎弘明『日英米戦争の岐路』（山川出版社、一九八四年）、吉沢南『戦争拡大の構図』（青木書店、一九八六年）、須藤眞志『日米開戦外交の研究』（慶應通信、一九八六年）、波多野澄雄『太平洋戦争とアジア外交』（東京大学出版会、一九九六年）、三輪宗弘『太平洋戦争と石油』（日本経済評論社、二〇〇四年）、クリストファー・ソーン『太平洋戦争とは何だったのか』（普及版、市川洋一訳、草思社、二〇〇五年）、吉田裕、森茂樹『アジア・太平洋戦争』（吉川弘文館、二〇〇七年）、鈴木多聞『「終戦」の政治史』（東京大学出版会、二〇一一年）、三宅正樹ほか編『検証　太平洋戦争とその戦略』（一―三、中央公論新社、二〇一三年）。

その他

三宅正樹『日独伊三国同盟の研究』（南窓社、一九七五年）、入江昭、有賀貞編『戦間期の日本外交』（東京大学出版会、一九八四年）、義井博『日独伊三国同盟と日米関係』（増補版、南窓社、一九八七年）、細谷千博『両大戦間の日本外交』（岩波書店、一九八八年）、入江昭『太平洋戦争の起源』（篠原初枝訳、東京大学出版会、一九九一年）、酒井哲哉『大正デモクラシー体制の崩壊』（東京大学出版会、一九九二年）、石井修『世界恐慌と日本の「経済外交」』（勁草書房、一九九五年）、ボリス・スラヴィンスキー『考証　日ソ中立条約』（高橋実、江沢和弘訳、岩波書店、一九九六年）、アーサー・ウォルドロン編、ジョン・V・A・マクマリー原著『平和はいかに失われたか』（北岡伸一監訳、衣川宏訳、原書房、一九九七年）、臼井勝美『日中外交史研究』（吉川弘文館、一九九八年）、黒野耐『帝国国防方針の研究』（総和社、二〇〇〇年）、L・ヤング『総動員帝国』（加藤陽子ほか訳、岩波書店、二〇〇一年）、山田朗『昭和天皇の軍事思想と戦略』（校倉書房、二〇〇二年）、安達宏昭『戦前期日本と東南アジア』（吉川弘文館、二〇〇二年）、イアン・ニッシュ『戦間期の日本外交』（関静雄訳、ミネルヴァ書房、二〇〇四年）、伊藤之雄『昭和天皇と立憲君主制の崩壊』（名古屋大学出版会、二〇〇五年）、高光佳絵『アメリカと戦間期の東アジア』（青弓社、二〇〇八年）、茶谷誠一『昭和戦前期の宮中勢力と政治』（吉川弘文館、二〇〇九年）、松浦正孝『「大東亜戦争」はなぜ起きたのか』（名古屋大学出版会、二〇一〇年）、三谷太一郎『近代日本の戦争と政治』（岩波書店、二〇一〇年）、河西晃祐『帝国日本の拡張と崩壊』（法政大学出版局、二〇一二年）、鈴木仁麗『満洲国と内モンゴル』（明石書店、二〇一二年）、加藤陽子『模索する一九三〇年代』（新装版、山川出版社、二〇一二年）、石田憲『日独伊三国同盟の起源』（講談社、二〇一三年）、北岡伸一、歩平編『「日中歴史共同研究」報告書』（二巻、勉誠出版、二〇一四年）、アントニー・ベスト『大英帝国の親日派』（武田知己訳、中央公論新社、二〇一五年）、麻田雅文編『ソ連と東アジアの国際政治』（みすず書房、二〇一七年）、田嶋信雄『日本陸軍の対ソ謀略』（吉川弘文館、二〇一七年）、及川琢英『帝国日本の大陸政策と満洲国軍』（吉川弘文館、二〇一九年）、戸部良一『戦争のなかの日本』（千倉書房、二〇二〇年）、大前信也『事変拡大の政治構造』（芙蓉書房出版、二〇二一年）。

経済、南進、大東亜共栄圏などに関する先行研究はそれぞれ膨大にある。個々に紹介し始めると際限がないため、外交との関わりが深いものを中心にいくつかの著作を挙げるにとどめた。

1931	3三月事件　4第二次若槻内閣成立　9満州事変開始　10十月事件　12犬養毅内閣成立
1932	1（第一次）上海事変　2-3血盟団事件　3満州国建国宣言　5五・一五事件。斎藤実内閣成立　9日本、満州国承認
1933	3日本、国際連盟脱退通告　5塘沽停戦協定
1935	2天皇機関説問題開始　6- 華北分離工作進展
1936	2二・二六事件　3広田弘毅内閣成立　11日独防共協定
1937	6第一次近衛文麿内閣成立　7盧溝橋事件（⇒日中戦争）
1938	1第一次近衛声明（国民政府を対手とせず）　4国家総動員法公布　7-8張鼓峰事件　11第二次近衛声明（東亜新秩序）　12第三次近衛声明（善隣友好・共同防共・経済提携）
1939	1平沼騏一郎内閣成立　5-9ノモンハン事件　7アメリカ、日米通商航海条約廃棄通告　8独ソ不可侵条約。阿部信行内閣成立　9第二次世界大戦開始
1940	1米内光政内閣成立　6独軍、パリ占領　7第二次近衛内閣成立　9北部仏印進駐。日独伊三国同盟。アメリカ、対日屑鉄輸出禁止　10大政翼賛会発足
1941	4日ソ中立条約　6独ソ戦開始　7第三次近衛内閣成立。アメリカ、在米日本資産凍結。南部仏印進駐　8アメリカ、対日石油輸出禁止　10東条英機内閣成立　12太平洋戦争開始
1942	1-3日本軍、マニラ・ラバウル・シンガポール・ラングーン占領。ジャワ上陸　5珊瑚海海戦　6ミッドウェー海戦
1944	6連合軍、ノルマンディー上陸作戦。米軍、サイパン上陸。マリアナ沖海戦　7小磯国昭内閣成立　10レイテ沖海戦
1945	2ヤルタ会談　3東京大空襲　4米軍、沖縄本島上陸。鈴木貫太郎内閣成立　5ドイツ降伏　7ポツダム宣言　8広島・長崎原爆投下。ソ連参戦。ポツダム宣言受諾　9降伏文書調印

1911	2日米新通商航海条約　7第三次日英同盟　8第二次西園寺内閣成立　10辛亥革命開始　11小林寿太郎没
1912	1中華民国建国宣言　2宣統帝退位（清朝滅亡）　3袁世凱、臨時大総統就任　7第三次日露協約。明治天皇没
1914	4第二次大隈内閣成立　7第一次世界大戦開始　8日本、対独宣戦布告
1915	1対華21か条要求　5山東省に関する条約、南満州および東部内蒙古に関する条約
1916	3大隈内閣、反袁政策決定　6袁世凱没　7第四次日露協約（日露同盟）　10寺内正毅内閣成立。憲政会成立
1917	4アメリカ、対独宣戦布告　11石井・ランシング協定。ロシア十月革命
1918	1ウィルソン、14か条発表　8日本、シベリア出兵宣言　9原敬内閣成立　11第一次世界大戦休戦協定
1919	1パリ講和会議開始　5五・四運動　6ヴェルサイユ条約
1920	1国際連盟発足　7日本、尼港事件により北樺太占領宣言
1921	11原首相暗殺。ワシントン会議開始。高橋是清内閣成立　12 4か国条約
1922	2山東に関する条約、海軍軍備制限条約、9か国条約　6加藤友三郎内閣成立　10シベリア出兵部隊撤退（北樺太を除く）
1924	6加藤高明内閣成立（護憲三派内閣）
1925	1日ソ基本条約　3孫文没。普通選挙法成立　10北京関税特別会議開始
1926	1第一次若槻礼次郎内閣成立　7北伐開始　12大正天皇没
1927	3金融恐慌開始　4田中義一内閣成立　5第一次山東出兵　6立憲民政党成立
1928	4第二次山東出兵　5済南事件。第三次山東出兵　6張作霖爆殺事件。北伐終了　8不戦条約
1929	7浜口雄幸内閣成立　10世界恐慌開始
1930	1ロンドン海軍軍縮会議開始　4海軍軍縮条約調印。統帥権干犯問題開始　11浜口首相襲撃

1878	5大久保利通暗殺　7吉田・エヴァーツ協定
1879	4沖縄県設置布告
1881	10明治14年政変。国会開設の勅諭
1882	1条約改正予備会議開始　7壬午軍乱　8済物浦条約（日朝）
1884	6清仏戦争開始　12甲申政変
1885	4天津条約（日清）　12内閣制度開始
1886	5条約改正会議開始　10ノルマントン号事件
1887	7日本、条約改正会議無期延期通告
1889	2大日本帝国憲法発布　10大隈重信外相襲撃
1890	7第1回衆議院総選挙　11第1回帝国議会開会
1892	8第二次伊藤博文内閣成立
1894	7日英通商航海条約。日清戦争開始
1895	4下関条約。三国干渉　10閔妃殺害事件
1896	2露館播遷　5小村・ウェーバー協定　6山県・ロバノフ協定
1897	8陸奥宗光没　10大韓帝国成立　11ドイツ、膠州湾占領
1898	1第三次伊藤内閣成立　3ロシア、旅順・大連租借権など獲得　4西・ローゼン協定　11第二次山県有朋内閣成立
1900	6義和団の乱、清・列国戦争へ　8厦門事件　9立憲政友会成立　10第四次伊藤内閣成立
1901	6第一次桂太郎内閣成立
1902	1日英同盟
1904	2日露戦争開始。日韓議定書　8第一次日韓協約
1905	7桂・タフト協定　8第二次日英同盟　9ポーツマス条約　11第二次日韓協約　12満州に関する条約（日清）
1906	1第一次西園寺公望内閣成立　8関東都督府官制公布　11南満州鉄道株式会社設立
1907	6日仏協約　7第三次日韓協約。第一次日露協約
1908	7第二次桂内閣成立　11高平・ルート協定
1909	9満州五案件および間島に関する日清協約　10伊藤博文暗殺
1910	7第二次日露協約　8韓国併合条約

略年表

年	事　項　（数字は月）
1792	10ラクスマン来航
1804	10レザノフ来航
1808	10フェートン号事件（英）
1825	4異国船打払令
1840	6アヘン戦争開始
1842	8薪水給与令
1853	7ペリー来航　8プチャーチン来航
1854	3日米和親条約調印（以下、「調印」や「締結」は省略）　10日英和親条約（日英協約）
1855	2日露和親条約
1856	1日蘭和親条約　8ハリス来航
1857	6下田協約　10日蘭追加条約
1858	7日米修好通商条約　8日蘭・日露・日英修好通商条約　10日仏修好通商条約。安政の大獄開始
1863	6-7長州、外国船攻撃　8薩英戦争
1864	8禁門の変（⇒長州征討）　9四国艦隊、下関砲撃
1866	6改税約書　8将軍徳川家茂没
1867	1徳川慶喜、将軍就任。孝明天皇没　11大政奉還
1868	1王政復古。戊辰戦争開始　10明治改元
1869	8外務省設置　10日墺洪修好通商航海条約
1871	8廃藩置県　9日清修好条規　12岩倉使節団出発
1873	1太陽暦導入。徴兵令　10明治6年政変
1874	1民撰議院設立建白書　5台湾出兵　10日清互換条款
1875	5樺太・千島交換条約　9江華島事件
1876	2日朝修好条規
1877	2西南戦争開始

佐々木雄一（ささき・ゆういち）

1987年，東京都生まれ．東京大学法学部卒業．東京大学大学院法学政治学研究科博士課程修了，博士（法学）．首都大学東京法学部助教，明治学院大学法学部専任講師などを経て，現在，明治学院大学法学部准教授．専攻は日本政治外交史．

著書『帝国日本の外交1894-1922』（東京大学出版会，2017年）
『陸奥宗光』（中公新書，2018年）
『リーダーたちの日清戦争』（吉川弘文館，2022年）
など．

近《きん》代《だい》日《に》本《ほん》外《がい》交《こう》史《し》
中公新書 *2719*

2022年10月25日初版
2022年11月10日再版

著　者　佐々木雄一
発行者　安 部 順 一

本文印刷　暁　印　刷
カバー印刷　大熊整美堂
製　　本　小 泉 製 本

発行所　中央公論新社
〒100-8152
東京都千代田区大手町1-7-1
電話　販売　03-5299-1730
　　　編集　03-5299-1830
URL https://www.chuko.co.jp/

Published by CHUOKORON-SHINSHA, INC.
Printed in Japan　ISBN978-4-12-102719-1 C1221

中公新書刊行のことば

いまからちょうど五世紀まえ、グーテンベルクが近代印刷術を発明したとき、書物の大量生産は潜在的可能性を獲得し、いまからちょうど一世紀まえ、世界のおもな文明国で義務教育制度が採用されたとき、書物の大量需要の潜在性が形成された。この二つの潜在性がはげしく現実化したのが現代である。

いまや、書物によって視野を拡大し、変りゆく世界に豊かに対応しようとする強い要求を私たちは抑えることができない。この要求にこたえる義務を、今日の書物は背負っている。だが、その義務は、たんに専門的知識の通俗化をはかることによって果たされるものでもなく、通俗的好奇心にうったえて、いたずらに発行部数の巨大さを誇ることによって果たされるものでもない。現代を真摯に生きようとする読者に、真に知るに価いする知識だけを選びだして提供すること、これが中公新書の最大の目標である。

私たちは、知識として錯覚しているものによってしばしば動かされ、裏切られる。私たちは、作為によってあたえられた知識のうえに生きることがあまりに多く、ゆるぎない事実を通して思索することがあまりにすくない。中公新書が、その一貫した特色として自らに課すものは、この事実のみの持つ無条件の説得力を発揮させることである。現代にあらたな意味を投げかけるべく待機している過去の歴史的事実もまた、中公新書によって数多く発掘されるであろう。

中公新書は、現代を自らの眼で見つめようとする、逞しい知的な読者の活力となることを欲している。

一九六二年一一月

中公新書

日本史

d 4

- 2107 近現代日本を史料で読む　御厨 貴編
- 2554 日本近現代史講義　山内昌之・細谷雄一編著
- 2011 皇 族　小田部雄次
- 1836 華 族　小田部雄次
- 2379 元老―近代日本の真の指導者たち　伊藤之雄
- 2492 帝国議会―西洋の衝撃から誕生までの格闘　久保田 哲
- 2528 三条実美《さんじょうさねとみ》　内藤一成
- 840 江藤新平(増訂版)　毛利敏彦
- 2051 伊藤博文　瀧井一博
- 2618 板垣退助　中元崇智
- 2550・2551 大隈重信(上下)　伊藤之雄
- 2212 近代日本の官僚　清水唯一朗
- 2294 明治維新と幕臣　門松秀樹
- 2483 明治の技術官僚　柏原宏紀
- 561 明治六年政変　毛利敏彦

- 1927 西南戦争　小川原正道
- 2320 沖縄の殿様　高橋義夫
- 252 ある明治人の記録(改版)　石光真人編著
- 161 秩父事件　井上幸治
- 2270 日清戦争　大谷 正
- 1792 日露戦争史　横手慎二
- 2605 民衆暴力―一揆・暴動・虐殺の日本近代　藤野裕子
- 2712 韓国併合　森万佑子
- 2509 陸奥宗光　佐々木雄一
- 2141 小村寿太郎　片山慶隆
- 2660 原 敬　清水唯一朗
- 881 後藤新平　北岡伸一
- 2393 シベリア出兵　麻田雅文
- 2269 日本鉄道史 幕末・明治篇　老川慶喜
- 2358 日本鉄道史 大正・昭和戦前篇　老川慶喜
- 2530 日本鉄道史 昭和戦後・平成篇　老川慶喜
- 2640 鉄道と政治　佐藤信之

- 2719 近代日本外交史　佐々木雄一

中公新書

現代史

f1

- 2105 昭和天皇 古川隆久
- 2687 天皇家の恋愛 森 暢平
- 2309 朝鮮王公族―帝国日本の準皇族 新城道彦
- 2482 日本統治下の朝鮮 木村光彦
- 632 海軍と日本 池田 清
- 2703 帝国日本のプロパガンダ 貴志俊彦
- 2192 政友会と民政党 井上寿一
- 1138 キメラ―満洲国の肖像（増補版） 山室信一
- 2348 日本陸軍とモンゴル 楊 海英
- 2144 昭和陸軍の軌跡 川田 稔
- 2587 五・一五事件 小山俊樹
- 76 二・二六事件（増補改版） 高橋正衛
- 2059 外務省革新派 戸部良一
- 1951 広田弘毅 服部龍二
- 2657 平沼騏一郎 萩原 淳

- 795 南京事件（増補版） 秦 郁彦
- 84 90 太平洋戦争（上下） 児島 襄
- 2707 大東亜共栄圏 安達宏昭
- 2465 日本軍兵士―アジア・太平洋戦争の現実 吉田 裕
- 2387 戦艦武蔵 一ノ瀬俊也
- 2525 硫《い》黄《おう》島《とう》 石原 俊
- 2337 特攻―戦争と日本人 栗原俊雄
- 244 248 東京裁判（上下） 児島 襄
- 2015 「大日本帝国」崩壊 加藤聖文
- 2296 日本占領史 1945-1952 福永文夫
- 2411 シベリア抑留 富田 武
- 2471 戦前日本のポピュリズム 筒井清忠
- 2171 治安維持法 中澤俊輔
- 1759 言論統制 佐藤卓己
- 828 清沢《きよさわ》洌《きよし》（増補版） 北岡伸一
- 2638 幣原喜重郎 熊本史雄
- 1243 石橋湛山 増田 弘

- 2515 小泉信三―天皇の師として、自由主義者として 小川原正道

中公新書

現代史

f3

- 2590 人類と病　詫摩佳代
- 2664 歴史修正主義　武井彩佳
- 2451 トラクターの世界史　藤原辰史
- 2666 ドイツ・ナショナリズム　今野 元
- 2368 第一次世界大戦史　飯倉 章
- 2681 リヒトホーフェン―撃墜王とその一族　森 貴史
- 27 ワイマル共和国　林 健太郎
- 478 アドルフ・ヒトラー　村瀬興雄
- 2553 ヒトラーの時代　池内 紀
- 2272 ヒトラー演説　高田博行
- 1943 ホロコースト　芝 健介
- 2349 ヒトラーに抵抗した人々　對馬達雄
- 2610 ヒトラーの脱走兵　對馬達雄
- 2448 闘う文豪とナチス・ドイツ　池内 紀
- 2329 ナチスの戦争 1918-1949　R・ベッセル　大山 晶訳
- 2313 ニュルンベルク裁判　A・ヴァインケ　板橋拓己訳
- 2266 アデナウアー　板橋拓己
- 2615 物語 東ドイツの歴史　河合信晴
- 2274 スターリン　横手慎二
- 530 チャーチル（増補版）　河合秀和
- 2643 イギリス1960年代　小関 隆
- 2578 エリザベス女王　君塚直隆
- 2717 アイルランド現代史　北野 充
- 1415 フランス現代史　渡邊啓貴
- 2356 イタリア現代史　伊藤 武
- 2221 バチカン近現代史　松本佐保
- 2415 トルコ現代史　今井宏平
- 2670 サウジアラビア―「イスラーム世界の盟主」の正体　高尾賢一郎
- 2538 アジア近現代史　岩崎育夫
- 2586 東アジアの論理　岡本隆司
- 2437 中国ナショナリズム　小野寺史郎
- 2600 孫基禎《ソン・ギジョン》―帝国日本の朝鮮人メダリスト　金 誠
- 2034 感染症の中国史　飯島 渉
- 2700 新疆ウイグル自治区　熊倉 潤
- 1959 韓国現代史　木村 幹
- 2602 韓国社会の現在　春木育美
- 2682 韓国愛憎　木村 幹
- 2596 インドネシア大虐殺　倉沢愛子
- 1596 ベトナム戦争　松岡 完
- 2330 チェ・ゲバラ　伊高浩昭
- 1664 1665 アメリカの20世紀（上下）　有賀夏紀
- 2626 フランクリン・ローズヴェルト　佐藤千登勢
- 2527 大統領とハリウッド　村田晃嗣
- 2479 スポーツ国家アメリカ　鈴木 透
- 2540 食の実験場アメリカ　鈴木 透
- 2504 アメリカとヨーロッパ　渡邊啓貴
- 2163 人種とスポーツ　川島浩平

中公新書

政治・法律

h2

108 国際政治（改版） 高坂正堯
1686 国際政治とは何か 中西寛
2190 国際秩序 細谷雄一
1899 国連の政治力学 北岡伸一
2574 戦争とは何か 多湖淳
2652 戦争はいかに終結したか 千々和泰明
2697 戦後日本の安全保障 千々和泰明
2621 リベラルとは何か 田中拓道
2410 ポピュリズムとは何か 水島治郎
2207 平和主義とは何か 松元雅和
2576 内戦と和平 東大作
2195 入門 人間の安全保障（増補版） 長有紀枝
2394 難民問題 墓田桂
2629 ロヒンギャ危機―「民族浄化」の真相 中西嘉宏
2133 文化と外交 渡辺靖

113 日本の外交 入江昭
1000 新・日本の外交 入江昭
2402 現代日本外交史 宮城大蔵
2611 アメリカの政党政治 岡山裕
1272 アメリカ海兵隊 野中郁次郎
2650 米中対立 佐橋亮
2405 欧州複合危機 遠藤乾
2568 中国の行動原理 益尾知佐子
700 戦略的思考とは何か（改版） 岡崎久彦
2215 戦略論の名著 野中郁次郎編著
721 地政学入門（改版） 曽村保信
2566 海の地政学 竹田いさみ
2532 シンクタンクとは何か 船橋洋一
2722 陰謀論 秦正樹